忘れじの外国人レスラー伝

mihiko

a pilot of wisdom

プロローグ　In Memoriam

ぼくはプロレスラーはヒーロー Hero なんだと考えている。

ヒーローは英雄だったり人気者だったり物語の主人公だったりする。歴史上のヒーローがいて、スポーツのヒーローがいて、文化や芸術、科学や哲学や思想のヒーローもいるだろう。実在の人物の場合もあるし、架空のキャラクターの場合もある。

プロレスのヒーローたちは、英雄であり人気者であり物語の主人公である。もちろん、スポーツのヒーローだし、プロレスを文化や芸術とカテゴライズするならば、プロレスラーは文化的なヒーロー、芸術的なヒーローだととらえることもできる。プロレスラーはみんな実在の人物ではあるけれど、リング上で起こることや観客のまえでディスプレイされる人格についてはフィクションだったり架空のキャラクターであったりする場合もある。

プロレスラーは、試合をしているときだけがプロレスラーになる時間というわけではなくて、ふだん着で街を歩いているときも、食事をしているときも、それこそ眠っているときもずっとプロレスラーでありつづける。プロレスをやる側＝プロレスラーのほうでつねにそういうスタンスをキープしていることもあれば、プロレスを観《み》る側＝プロレスファンがプロレスラーに対してつねにキャラクターどおりのイメージを求めていることもある。アイデンティティーとその社会性といってしまえば、やっぱりそういうことにもなる。

プロレスとは虚実皮膜《きょじつひにく》――芸は実と虚との皮膜の中間にある、事実と虚構の微妙な接点に芸術の真実がある、という近松門左衛門の論――のジャンルといわれ、ファクトとフィクションの境界線がわかりにくい。もっとわかりやすくいえば、現実とファンタジーがごちゃ混ぜになっていて区別がつきにくい。そして、そのなんだかよくわからないところがプロレスなのである、というコンニャク問答そのものがプロレスの醍醐味《だいごみ》だったりする。

この本には10人のヒーローたちが登場する。時代は昭和から平成まで、西暦でいうと1960年代あたりから21世紀のはじめあたりまで、日本やアメリカ、ヨーロッパのリングで一世を風びした外国人レスラーたちだ。いずれもプロレスファンだったらだれでもその偉大さをわかっている伝説の男たちで、プロレスファンでなくても、たぶん名前くらいは知っているであろう超有名な〝ガイジン〟。本名のままのレスラーもいれば、リングネームのほうが本名を凌駕《りょうが》してしまったレスラーもいる。

〝神様〟カール・ゴッチ
〝白覆面の魔王〟ザ・デストロイヤー
〝大巨人〟アンドレ・ザ・ジャイアント
〝人間風車〟ビル・ロビンソン
〝爆弾小僧〟ダイナマイト・キッド
〝人間魚雷〟テリー・ゴーディ
〝殺人医師〟スティーブ・ウィリアムス
〝入れ墨モンスター〟バンバン・ビガロ
〝皇帝戦士〟ビッグバン・ベイダー
〝暴走戦士〟ロード・ウォリアー・ホーク

外国人レスラーではあるけれど、10人が10人ともその時代ごとの日本のプロレス史、日本のプロレスラー、日本のプロレスファンと深いかかわりを持った特別な人たちだ。一人ひとりに漢字のニックネームがついているのは、彼らがじっさいのプロレスの試合（とその映像）だけではなく、活字メディアによって日本のプロレスファンとつながっていたことと関係している。現在進行形の外国人レスラー群にはこういう漢字やカタカナのニックネームはついていないし、インターネットから発信されるものすごい量の（賞味期限のある）情報のなかでは定番のフレーズはなかなか定着しない。

〝神様〟ゴッチと〝人間風車〟ロビンソンは、超一流のプロレスラーであっただけでなく、現役を引退したあとも指導者、プロレスの哲学者として日本のプロレス史の重要な登場人物でありつづけた。〝白覆面の魔王〟デストロイヤーは力道山、ジャイアント馬場のライバルであり、日本に在住してタレント活動をした最初の外国人レスラーだった。

〝大巨人〟アンドレと〝爆弾小僧〟ダイナマイト・キッドは、体のサイズはまったくちがうが、ふたりともテレビ（地上波）のプロレス中継がゴールデンタイムの人気番組だった時代のお茶の間の人気者。日本でもアメリカでもスーパースターだったが、現役生活の最後のチャプターを日本のリングで過ごした。

80年代から90年代にかけて活躍した〝人間魚雷〟ゴーディ、〝殺人医師〟ウィリアムス、〝入れ墨モンスター〟ビガロ、〝皇帝戦士〟ベイダー、〝暴走戦士〟ロード・ウォリアー・ホークの5人は、いずれもアメリカのメジャー団体でメインイベンターのポジションにありながら、それぞれがそれぞれの理由とプロセスでアメリカのレスリング・ビジネスから離れ、日本をホームリングに選択した。いま40代後半から50代以上のプロレスファンにとっては、リアルタイムでその試合をいちばんたくさん観たのがこの世代のスーパースターたちだろう。

日本のプロレスファンにとっては忘れることのできないこの10人の外国人レスラーたちは、もうだれも地上《ここ》にはいない。ゴッチ、ロビンソン、デストロイヤーのようにしっかり長生きしてくれた人たちもいれば、アンドレのように突然、この世を去って伝説になった人もいる。ホーク、ビガロ、ゴーディ、ウィリアムス、そしてキッドやベイダーはまちがいなくスーパースターではあったけれど、いつもどこかハッピーになれなくて、破滅的なところがあった。

各章のストーリーのなかにぼくが出てくるときは〝筆者〟という表記を使った。ぼくは文中を動きまわるレスラーたちと読者のみなさんをつなぐミディアム——メディアの単数形という意味で、霊能者という意味ではない——としてそこにいるだけで、ストーリーそのものには関係していない。

ヒーローは死んでも生きている、なんていうとずいぶんヘンな日本語になるけれど、この本に登場する10人の外国人レスラーたちはぼくたちの心のなかにちゃんと生きている。古いVHSのビデオを引っぱりだしてくれば彼らの試合をまた観ることができるし、ユーチューブで検索すればいろいろな映像にもめぐり逢《あ》える。ぼくはいつもこう感じている。プロレスラーには〝この世〟と〝あの世〟の境界線はないのかもしれないと——。

付記　アメリカの団体WWEの表記について。WWE（ワールド・レスリング・エンターテインメント＝ダブリュ・ダブリュ・イー）は、かつてWWWF（ワールドワイド・レスリング・フェデレーション＝1963年3月〜1979年2月）、WWF（ワールド・レスリング・フェデレーション＝1979年2月〜2002年5月）を呼称していましたが、現在は活字、映像、版権における表記を正式名称WWEで統一しています。本書もこれに従い、過去のできごとに関してもは本文中の表記を、例外を除きWWEで統一しました。

目次

第1章　〝神様〟カール・ゴッチ

Photo : Bill Otten

〝無冠の帝王〟

プロレスにはプロレスの神様がいる。〝神様〟はカール・ゴッチである。神といっても宗教上の神、全知全能の神ではなくて、プロレスというジャンルにおける神様のような存在。もちろん、ゴッチ自身がみずからを〝神〟と名乗ったわけではなくて、それは日本の活字メディアがゴッチの人物像に与えた称号、あるいは愛称だった。

1961（昭和36）年5月、カール・クラウザーのリングネームでマスクマンのミスターX（ビル・ミラー）、〝密林男〟グレート・アントニオ、「血はリングに咲く花」という名言を遺したとされる――こういう劇画的なコピーの数かずは昭和のプロレス・ライターの諸先輩方の作品である場合が多いが――日系悪役のグレート東郷らとともに日本プロレスの『第3回ワールド大リーグ戦』に初来日。このとき、日本のプロレスファンはゴッチの代名詞であるジャーマン・スープレックス・ホールドという芸術的な投げ技を初めて目撃した。

昭和30年代の日本のマスコミはこの技を〝原爆攻め〟〝原爆固め〟と呼称したが、のちにそのカタカナ表記に〝ジャーマン〟が用いられるようになったのは、ゴッチがドイツ人（じっさいはベルギー生まれ）だからというきわめて単純な理由からだった。

たったいちどだけ実現した力道山対ゴッチのシングルマッチ60分3本勝負は、1―1のタイスコアのあと両者ノックアウトの引き分けという結果に終わった（61年5月26日＝福井）。力道山は「強けりゃいいってもんじゃねえ」とコメントし、ゴッチのヨーロッパ流のレスリングにあまり興味を示さなかった。

力道山の死後、ゴッチは日本プロレスの招へいで若手選手の強化育成コーチとして67年11月に来日し、69年3月まで日本に長期滞在。東京・渋谷にあったリキパレスの道場で〝ゴッチ教室〟を開講し、地方巡業にも同行した。当時24歳だったアントニオ猪木《いのき》は、この時期にジャーマン・スープレックス・ホールドと卍《まんじ》固めという、のちにトレードマークとなるふたつの必殺技をゴッチから伝授された。

ゴッチと若き日の猪木が道場でスパーリングに汗を流したというエピソード――映像は残されていない――にはひじょうにイマジネーションをくすぐられる。この時代のゴッチのニックネームは〝神様〟ではなく〝無冠の帝王〟で、猪木のニックネームも〝燃える闘魂〟ではなくて〝若獅子《わかじし》〟だった。

日本プロレスとの契約満了後、ゴッチはハワイに拠点を移し、44歳でセミリタイアしてホノルルの清掃局で働きはじめたが、2年後の71年3月、国際プロレスの『第3回IWAワールド・シリーズ』にブッキングされ、現役選手としては通算4回めの来日を果たした。国際プロレスのリングで実現したゴッチ対ビル・ロビンソン、ゴッチ対モンスター・ロシモフ（のちのアンドレ・ザ・ジャイアント）のシングルマッチは、いまでも昭和の名勝負として50代後半以上のマニア層のあいだで語り継がれているが、これらの試合のフルレングスの映像は残念ながら存在しない。

ゴッチと〝人間風車〟ロビンソンは、イングランド北西部ウィガンのレスリング道場〝蛇の穴（スネークピット）〟では兄弟弟子の関係にあり、29歳のゴッチがまだ15歳だったロビンソンをボロきれのようにズタズタにした——53年あたりのできごととされる——という伝説がある。〝蛇の穴〟でのスパーリングから18年ぶりに日本で再会した46歳のゴッチと32歳のロビンソンは、同シリーズ中、シングルマッチで5回対戦し、いずれも試合結果は時間切れのドローという〝痛み分け〟に終わった。

〝水曜夜7時〟のゴールデンタイムに放映されていた『国際プロレス中継』（TBS）の画面のなかのゴッチは、若くてカッコいいロビンソンとくらべると明らかにトシを食っていたが、まるで魔法のような変幻自在のテクニックを体得していて、反則はいっさいせず、背筋がピンとなっていて姿勢がよく、その身のこなしはまるで武芸の達人のようで、文字どおり神がかっていた。いっぽう、ロビンソンもまたゴッチと同様、昭和から平成まで日本のプロレス史と深くかかわっていく名レスラーのなかの名レスラーである。

〝蛇の穴〟で関節技をマスター

1924（大正13）年8月3日、ベルギーのアントワープ生まれ。本名はチャールズ・イスタスで、カールはチャールズの幼名。ドイツ人の父親とハンガリー人の母親のあいだに生まれ、幼少時代をアントワープで過ごしたあと、ドイツのハンブルグに移住し、ナチスの国家社会主義体制のもとで少年時代を過ごした。レスリングをはじめたのは10歳のときで、片道1時間ずつの距離を歩いて道場に通ったという。家が貧しかったため、11歳で学校をやめた。

第二次世界大戦がはじまったのはゴッチが15歳のときで、ナチスの優生思想の〝純血政策〟により10代後半の数年間をハンブルグの強制収容所で過ごした。いったんベルギーに帰国後、ドイツのカーラという街の収容所に連れていかれ、17歳のときに鉄道の線路を組み立てる工場で作業中に機械に手をはさまれて左手の小指を失った。1945（昭和20）年4月、若いアメリカ軍兵士たちの小隊によって強制収容所から救出された20歳のゴッチは、このときに「アメリカ人になりたい」という気持ちを初めて抱いたのだという。

終戦後、45年から50年まで6年連続でアマチュア・レスリングのベルギー選手権に優勝し、48年にはベルギー代表としてロンドン・オリンピックに出場。ライトヘビー級（87キロ級＝192ポンド）でフリースタイル10位、グレコローマン8位入賞の成績を収めた。オリンピック出場時はまだ本名のチャールズ・イスタスを名乗っていて、オリンピック公式記録アーカイブのなかに現在でもその名を発見することができる。このオリンピックの思い出について、ゴッチはなぜかあまり多くを語らなかった。

51年、ベルギーでプロレスラーとしてデビューしたとされるが、この時代の写真、記録はほとんど残っていない。ベルギー国内のトーナメント大会に出場したときに、ビル・ロビンソンの伯父でプロレスラーだったアウフ・ロビンソンと出逢い、このロビンソンの誘いでイングランド北西部のウィガンにある〝スネークピット＝蛇の穴〟ビリー・ライレー・ジムを訪ねた。

ゴッチがそのトレードマークとなるサブミッション（関節技）の奥義をマスターした場所がウィガンの〝蛇の穴〟であったことはほぼまちがいない。ただし、〝蛇の穴〟はいわゆるプロレスラーのためのトレーニング・ジムではなくて、ランカシャー地方のフォーク・レスリングを教える田舎の町道場だった。

ここでゴッチは、コーニッシュ／デボンジャー、カンバーランド／ウェストモーランドといった、イングランドの文化遺産といっていいスタイル＝様式の異なるいくつかのレスリングを学び、これを――その時点での――現代のプロレスの技術に応用していった。ゴッチがビリー・ライレー・ジムで習得した〝キャッチ・アズ・キャッチ・キャン〟の関節技は、20世紀のアマチュア・レスリングが放棄してしまった〝失われたアート〟だった。

イングランドでの生活が気に入ったゴッチは、20代後半から30代前半までの約8年間、ウィガンに滞在。1年のうちの7、8カ月を〝蛇の穴〟でのトレーニングに費やし、あとの4、5カ月間をドイツのハノーファー、ミュンヘン、ベルリン、ハンブルグ、オーストリアのウィーンなどのトーナメント大会のスケジュールにあてていた。ヨーロッパにはヨーロッパのプロレスの暦があった。

ゴッチは筆者とのインタビューで関節技の重要性についてこんなふうに語った。

実力の接近した（レスラーたちの）闘いでは、相手の両肩を3秒間マットに押さえてフォールを取ることは、本来、かなり困難な作業なんだ。ショー的要素をはぶいた試合では、どちらか先にサブミッション（関節技）を決めた者の勝ちだ。日本の重量級柔道でも、きれいに（投げ技で）一本取るのが難しいから襟口を取ってサブミッションを使うだろ？　いかなる格闘技でも、最も恐ろしいのは関節技なのだ。（『デケード』上巻／初出『週刊プロレス』（85年8月27日号）括弧内は筆者補足（以下同））

――じつに初歩的な質問なんですが関節技で勝負が決まってしまうレスリングは、みていて面白いものでしょうか？（中略）

本来、レスリングというスポーツは、みて楽しむよりやって楽しむスポーツだったといえる。それを、試合経験豊富なエキスパートたちがお金を取って観せるためのスポーツに移行した（させた）のがプロレスだ。お金を取って人を呼ぶからにはショーマンシップは必要不可欠な条件だ。派手なガウン、ニセモノの金髪、ありとあらゆるギミック（小道具）がファンの関心を集めるようになると、一撃必殺のサブミッションは闇《やみ》から闇へと葬り去られてしまった。（中略）プロモーターにとっては危険なサブミッションなど不要なものなのだよ。（同、85年9月3日号）

59年6月、ゴッチはカナダのモントリオールを経由し、35歳のときに〝新大陸〟アメリカに移住した。モントリオールではピエール・ラマリーンというベルギー名を、アメリカでの最初のホームリングとなったオハイオではキャロル・クラウザー、カール・クラウザーというドイツ名を名乗った。ゴッチはアメリカのレスリング・ビジネスではつねにアウトサイダーだったから、プロモーターの意向で何度かリングネームを変えられた。

カール・ゴッチへの改名は61年1月、オハイオのプロモーターのアル・ハフトのアイディアで〝家元〟フランク・ゴッチ――20世紀最初の統一世界ヘビー級王者でプロフェッショナル・レスリングのパイオニアのひとり――のラストネームをアダプトした。元プロレスラーのハフト自身も現役時代、ヤング・ゴッチという由緒ある〝名跡〟を襲名したことがあった。

ゴッチはアメリカでは売れないレスラーだった、とする定説があるが、これは正しくない。62年9月、オハイオ州コロンバスでドン・レオ・ジョナサンを下しオハイオ版のAWA世界ヘビー級王座を獲得し、同王座を2年間にわたりキープした。63年から64年にかけてはNWA世界ヘビー級王者ルー・テーズ対ゴッチのダブル・タイトルマッチがセントルイス、デトロイト、フロリダなど全米各地でおこなわれ、オハイオにおけるタイトルマッチ・シリーズの最終戦で〝鉄人〟テーズがゴッチを退けて2本のチャンピオンベルトを統一。オハイオ版AWA世界王座が封印されたという史実がある。アメリカのプロモーター加盟組織NWA（ナショナル・レスリング・アライアンス）が全米のマーケットを統一しつつあった時代で、ゴッチが在籍していたオハイオAWA（アメリカン・レスリング・アソシエーション）は巨大カルテルNWAによって駆逐された地方団体のひとつだった。

猪木、そしてゴッチ・チルドレン

〝会社乗っ取り〟を画策したとの理由で日本プロレスを除名されたアントニオ猪木が、ゴッチとコンタクトを図り、新団体への協力を求めたのは1972（昭和47）年1月のことだった。猪木はＷＷＷＦ（現・ＷＷＥ）を当時ツアー中だったゴッチとニューヨークのホテルで会談し、契約金として4万ドル（当時1ドル＝300円の換金レートで約1200万円）のキャッシュをゴッチに手渡したとされる。ゴッチはそれから2カ月後に新日本プロレスの旗揚げシリーズにやって来たから、かなりあわただしいネゴシエーションだった。

新日本プロレスにおけるゴッチのポジションはトップ外国人選手、年間のシリーズ興行に参加する外国人選手のブッキング窓口、そして新人選手育成コーチ。新団体が理想のプロレスとして提唱した〝ストロングスタイル〟という新しいコンセプトとその客観的なイメージとして、猪木は〝神様〟の神秘性をどうしても必要とした。

猪木とゴッチは新日本プロレス発足時から3年間にシングルマッチで合計5回対戦し、戦績はゴッチの3勝2敗。旗揚げ興行における〝伝説の一戦〟（72年3月6日＝東京・大田区体育館）はリバース・スープレックスからゴッチのフォール勝ち。ゴッチが個人所有する（とされた）〝まぼろしの世界ヘビー級王座〟をかけたタイトルマッチ2連戦（同年10月4日＝東京・蔵前《くらまえ》国技館、10月10日＝大阪府立体育会館）、〝実力世界一決定戦〟と銘打たれた2試合（74年8月1日＝大阪府立体育会館、8月4日＝東京・日大講堂）はいずれも完全決着とはならない1勝1敗のイーブンのスコアになっていた。

ゴッチが現役選手として新日本プロレスのリングに上がったのは、滞在中に50歳の誕生日を迎えた74年の来日までで、それ以降はコーチ、ビッグマッチのセコンド、タイトルマッチの立会人として日本に来ることが多かった。猪木とゴッチのコネクションは師弟関係のように見えて師弟関係ではなく、宿命のライバルかというとそれもちがっていた。〝燃える闘魂〟として絶頂期を迎えた猪木は、だんだんと〝神様〟と距離を置くようになった。

フロリダ州タンパ郊外オデッサのゴッチの自宅につくられたガレージ道場では、若手時代の藤波辰巳《たつみ》（現・辰爾《たつみ》）、のちの〝関節技の鬼〟藤原喜明《よしあき》、遠征先のメキシコから〝脱走〟してフロリダに飛んできた――初代タイガーマスクに変身する以前の――佐山聡《さとる》、新日本プロレス時代の前田日明《あきら》、高田伸彦《のぶひこ》（現・高田延彦）らが〝神様〟から直接指導を受けた。

前田、藤原、高田らゴッチ・チルドレンが〝第3団体〟UWFに集結すると、ゴッチは84年、同団体の最高顧問に就任した。UWFはプロレスの改革をめざし、打撃技とスープレックスと関節技をベースとした従来よりも格闘技色の強いスタイルを模索。プロレスの改革——純粋な競技スポーツ化というコンセプト——そのものは、新日本プロレスが誕生したときのストロングスタイルと共通するものだったが、ゴッチ・チルドレンはあくまでもその原点であるゴッチに傾倒し、〝神様〟もまたUWFを選択した。

UWFが第2次UWFを経て1991（平成3）年に前田のリングス、高田のUWFインターナショナル、藤原のプロフェッショナル・レスリング藤原組の3派に細胞分裂すると、〝神様〟は苦悩しながらも個人的に親しい藤原との協力関係を継続。その後、藤原組から独立した船木誠勝《まさかつ》、鈴木みのる、ケン・シャムロックらが新団体設立の相談のためフロリダを訪れると、ゴッチは古代格闘技パンクラチオンの派生語であるパンクラスというネーミングを新団体にプレゼントした。〝神様〟と鈴木はそれからずっと文通をつづけ、鈴木は紆余《うよ》曲折があって総合格闘技からプロレスのリングに帰還してきてからは〝神様〟の形見といってもいいゴッチ式パイルドライバーを必殺技として愛用している。

「きのう種をまいたとしても、きょうから花が咲きはじめるわけではない」

ゴッチは「わたしはトシだからもう日本へ行くことはない」と口にしていたが、日本の知人から送られてくるプロレスと大相撲のビデオをいつもたんねんにチェックし、猪木世代から鈴木世代まで、教え子たちのことをいつも気にかけていた。ゴッチのことばはそのひとつひとつが神様からの啓示のようだった。

「教えを説くならば、まずみずからがそれを実践することだ。Practice what you preach.」

「〝値段〟を知っていてもその〝価値〟を知っていることにはならない。Everybody knows the price, but nobody knows the value.」

ゴッチは毎朝、太陽がのぼると起床し、自宅のガレージ道場での約2時間半のコンディショニング・トレーニングを生涯つづけていた。だれも見ているわけではないし、もうリングに上がって闘うこともないのに「たくさん食べて、たくさん飲むから」毎日のトレーニングは欠かさなかった。朝食。昼食。夕食。1日3回の食事をしっかりとった。夕食はいつも午後4時ごろで、あとでおなかが空《す》くとバナナを1本だけ食べた。そして、夜は外が暗くなるとベッドに入った。寝室で1、2時間、読書をすることもあった。宮本武蔵の

『五輪書』が好きで、何度も何度もくり返し読んだ。

遺言どおりタンパの湖に散骨

1996(平成8)年12月、フロリダの寒くない冬。

カール・ゴッチ家の門のすぐよこには〝FOR SALE(売家)〟と書かれたトタンの立て看板が置かれていた。

〝神様〟は、住み慣れたオデッサの家を売りに出していた。エラ夫人が亡くなってからは家のなかがずいぶんガランとしてしまった。使わなくなった家具はほとんど処分したし、2台あった自動車のうちの1台は知り合いに譲った。

「6月25日、午前4時」とゴッチはつぶやいた。そのまえの晩、ゴッチは急に容体が悪くなったエラさんをタンパ市内の大学病院に連れていった。

ドクターは緊急入院を決め、エラさんは集中治療室に運ばれたが、看護師から「ここには泊まれませんよ」と告げられたゴッチはそのままとぼとぼと家に帰ってきた。

明け方にベッドのわきの電話が鳴りはじめたときには、それが悪い知らせだということがすぐにわかった。

「あの娘は19歳になったばかりで、わたしは21歳だった」

故郷ベルギーのアントワープからはじまって、ドイツ、イングランド、カナダ、オハイオ、日本、ハワイ、カリフォルニア、フロリダとレスリングが盛んな土地をさすらいつづけたゴッチのすぐそばにはいつもエラさんがいた。

日本プロレスの専任コーチをしていたころは、1年半ほど東京・目黒に住んだこともあった。ふたりは50年もいっしょに暮らし、最後の最後まで仲がよかった。

エラさんの病気は皮膚がんだった。じつは、ゴッチも同じ病気にかかっている。フロリダの太陽を20年以上も浴びたせいかもしれない。でも、〝レスリングの神様〟は体力には自信があるし、がんくらいでどうにかなってしまうなんてこれっぽっちも考えたことはない。

エラさんがいなくなっていちばんつらいことは、話し相手を失ってしまったことだ。もともとお酒は嫌いなほうではなかったけれど、独りぼっちになってからしばらくは明るいうちからブランデーをあおったりした。

早朝ゲイコも休みがちになった。ゴッチは、72歳の男やもめになったのだった。

それからしばらくすると、こんどはエラさんの声が聞こえてくるようになった。

「カール、いったいどういうことなの。ご自分のなさっていることがわかっているの？あなたを守ることができるのは、あなた自身しかいなくてよ」

ゴッチの耳にははっきりとそう聞こえた。もうちょっとおしゃべりをつづけたかったけれど、もうエラさんは話しかけてはくれなかった。

その日からゴッチは家のなかの大掃除をはじめた。身のまわりのものをちゃんと整理しておけば、またいつでも旅に出ることができる。いまいる家が売れたら、モンタナかワイオミングあたりの山奥にでも暮らしたい。

起床は午前6時で、就寝は午後9時。愛犬ジャンゴのお散歩は1日2回。血のめぐりがよくなって食欲がわいてくるくらいのトレーニングはつづけているし、食事も自分でつくって食べている。得意な料理はパスタとシチューだ。お酒を飲むのは寝るまえだけと決めている。

3日にいっぺんくらいのペースで家を見てみたいという人たちが訪ねてくる。不動産屋さんを信用しない〝神様〟は、あくまでも自分で家を売ろうとしている。やっぱりなかには失敬な輩《やから》もいて、ゴッチに向かって、やれ外の塀のペンキを塗り直してくれ、やれ台所をリフォームしてくれと注文をつけてきたりする。

そのたびにゴッチはプーッと不機嫌になって「もういい、出ていけ、出ていけ」とせっかくの訪問者たちを追いだしてしまうから、家の買い手なんてなかなか見つからない。

ゴッチはゴッチでオデッサの一軒家にはそれなりに愛着を持っている。20数年まえにここに家を建てたとき、大きな窓の位置、壁紙の色、キッチンのレイアウトを考えたのはエラさんだった。

「ネバー・ライ Never lie（ウソをつかないこと）、ネバー・チート Never cheat（ズルはしないこと）、ネバー・クイット Never quit（やりはじめたことを途中で放りださないこと）」

ゴッチは、軽く目くばせをした。そろそろ犬の散歩の時間だった。

〝神様〟が天国に旅立ったのは2007（平成19）年7月28日。入院先のフロリダ州タンパ市内の病院で亡くなった。死因は大動脈瘤《りゅう》。その2週間ほどまえ、週にいちどずつ洗濯ものを届けにきてくれるケアテイカーの男性がアパートメントを訪ねると、キッチンのカウンターに寄りかかるような格好になってゴッチが背中に激しい痛みを訴えていたため、その男性がすぐに救急車を呼んだ。搬送先の病院で緊急手術を受けたが、手術後は危篤状態がつづき、7月28日の午後9時45分ごろICU（集中治療室）のベッドで息をひきとった。83歳の誕生日を迎える6日まえだった。

ゴッチは生前から火葬を希望し、遺言どおりその遺骨はエラさんの遺骨とともに、まな弟子ジョー・マレンコの手でタンパのキーストーン湖に散骨された。

ゴッチの没後10年にあたる17年、アントニオ猪木、ゴッチとゆかりの深い木戸修《おさむ》、藤原喜明、西村修が発起人となり「カール・ゴッチ墓石建立プロジェクト委員会」が立ち上げられ、分骨されていた遺骨の一部を手にジョー・マレンコが来日。命日にあたる7月28日、東京・南千住の回向院《えこういん》に納骨された。ゴッチを〝神様〟として尊敬し、またゴッチ自身も心を許した友人たちの住む日本の地に、〝神様〟のお墓が建てられたのである。

第2章　〝白覆面の魔王〟ザ・デストロイヤー

生涯マスクマン

ニックネームは〝白覆面の魔王〟。トレードマークはフィギュア・4・レッグロック（足4の字固め）。昭和のプロレス史のもっとも重要な登場人物のひとりであり、日本で本格的なタレント活動をおこなった最初の外国人レスラーだった。

力道山の宿命のライバルとしてモノクロのテレビに登場し、ジャイアント馬場の友人として全日本プロレス所属選手となり、〝正体不明〟のマスクマンのまま平成のリングで現役生活を終えた。正式なリングネームはジ・インテリジェント・センセーショナル・デストロイヤー（The Intelligent Sensational Destroyer）だったが、日本ではシンプルにザ・デストロイヤーというカタカナ表記が定着した。

1930（昭和5）年7月11日、ニューヨーク州バッファロー出身。本名はリチャード・ジョン・バイヤーで、一般的にはリチャードの愛称ディックをファーストネームとしてディック・バイヤーと表記されている。日本ではラストネームのBeyerのスペルをそのままカタカナ読みにしてベイヤーと表記される場合もあるが、アメリカ式の発音はバイヤーだ。

シラキュース大学在学中はフットボール、レスリング、ベースボールで活躍し、フットボールではイースタン選手権に優勝し、オレンジ・ボウルにも出場（53年）。レスリングではAAU全米選手権3位（52年）、2位（54年）の成績を収めた。

大学在学中に元世界ヘビー級王者のエド・ダン・ジョージにスカウトされたが、卒業後は大学院で教育学の修士学位を取得。54年10月、オハイオ州コロンバスでプロレスラーとしてデビューしたが、60年までの7シーズンはシラキュース大フットボール部のコーチをつとめていたため、プロレスはあくまでもオフ・シーズンの副業だった。

61年、素顔の正統派レスラーだったディック・バイヤーは、ハワイで〝銀髪鬼〟フレッド・ブラッシーと運命的な出逢いを果たした。

WWA世界ヘビー級王者としてハワイをツアーしていたブラッシーは、ホノルルでバイヤーを相手に同王座防衛戦をおこなった（62年1月24日＝HICアリーナ）。ホームリングのロサンゼルスに帰ったブラッシーは、プロモーターのジュールス・ストロンボーに「最高のベビーフェースを発見した。カネになる。ディック・バイヤーというやつを呼んでくれ」と報告した。

それから3カ月後、ブラッシーがまたハワイに遠征すると、こんどはバイヤーはヒール（悪役）になっていた。ブラッシーはロサンゼルスに戻ると、またストロンボーに「バイヤーってやつは最高のヒールだ。カネになる。呼んでくれ」と直談判《じかだんぱん》した。

スーツ姿のバイヤーがロサンゼルスのストロンボーのオフィスに現れたのは62年5月のことだった。このとき、バイヤーはカリフォルニア州アスレティック・コミッションが発行するプロスポーツ・ライセンスを取得していなかったとされる。

ストロンボーは、バイヤーの顔をながめながら「マスクをかぶってもらえないか」と切りだしたが、バイヤーは「ライセンスは持っていないし、マスクなんか持ってない」と答えたという。

〝白覆面の魔王〟デストロイヤー誕生のプロセスにはふたつの説がある。ひとつはバイヤーがスポーツ・ライセンスを取得していなかったため正体を隠して試合をする必要があったというもので、もうひとつは素顔のバイヤーが背が低く、若ハゲで、前歯が2本折れていたため、ストロンボーがマスクマン転向をアドバイスしたというものだ。どちらもちょっとずつ事実かもしれないし、またどちらもファンタジーなのかもしれない。

ストロンボーは「ライセンスが来るまで2、3週間、マスクをかぶっていてくれ」と結論を急いだ。バイヤーは婦人用下着のガードルを改良して伸縮のいい手作りのマスクをこしらえた。デストロイヤーに変身したバイヤーはそれから2カ月後、サンディエゴでブラッシーを倒してWWA世界ヘビー級王者となった（62年7月27日）。デストロイヤーはそれから約30年間、マスクをかぶってリングに上がりつづけ、日本においては生涯、公の場でマスクを脱ぐことなく〝白覆面の魔王〟を演じた。

テレビ史に残る歴代4位の高視聴率

1963（昭和38）年5月、デストロイヤーは〝正体不明の世界チャンピオン〟として初めて日本にやって来た。

ロサンゼルスに本拠地を置くWWA（ワールド・レスリング・アソシエーション。資料によってはワールドワイド・レスリング・アソシエイツ）は、力道山時代の日本プロレスが業務提携していたプロレス団体で、昭和30年代後半の日本のプロレス・マスコミとプロレスファンにとってWWAと〝世界〟はほぼ同義語だった。

この前年の62年、力道山とブラッシーはWWA世界王座をかけてロサンゼルス―東京―ロサンゼルスで3回対戦。ロサンゼルスのオリンピック・オーデトリアムでおこなわれた最初のタイトルマッチでは力道山がブラッシーを下して同王座奪取（3月28日）。東京都体育館での再戦も力道山がブラッシーを退けて王座初防衛に成功（4月23日）。もういちど舞台をロサンゼルスに移しての3度めのタイトルマッチでは、力道山の出血多量によるレフェリー・ストップという〝疑惑の判定〟でブラッシーが王座返り咲きを果たした（7月25日）。そして、それからわずか2日後、そのブラッシーをあっさりと倒して新チャンピオンとなったのがデストロイヤーだった。

63年は伊藤博文肖像画の新千円札が発行され、日本初の外資系ホテルとして東京ヒルトンホテルが開業し、これも日本初の高速道路として名神高速道路（栗東《りっとう》―尼崎間）が開通して、アメリカではケネディ大統領暗殺事件が起きた年。歌謡曲は『こんにちは赤ちゃん』（梓《あずさ》みちよ）、『見上げてごらん夜の星を』（坂本九）、『高校三年生』（舟木一夫）などがヒットし、名作テレビアニメ『鉄腕アトム』『鉄人28号』『エイトマン』の初回シリーズが放映開始となった。

高度経済成長期の10年めにあたり、翌年に東京オリンピック開催を控えた日本は、まだ〝世界〟に挑戦する立場にあり、戦後の国民的ヒーローといわれた力道山もまた世界の頂点に挑みつづける日本のスポーツ長編ドラマの主人公のひとりだった。

1週間（全4戦）の日程でおこなわれた『WWA世界選手権シリーズ』開幕戦にラインナップされた力道山対デストロイヤーのノンタイトル戦は、デストロイヤーが本邦初公開の足4の字固めで力道山にギブアップ勝ち（5月19日＝大阪）。シリーズ第2戦でグレート東郷（5月21日＝名古屋）、シリーズ第3戦でジャイアント馬場（5月22日＝静岡）をそれぞれシングルマッチで退けたデストロイヤーは、シリーズ最終戦でWWA世界王座をかけて力道山と対戦した（5月24日＝東京）。

時間無制限1本勝負の特別ルールでおこなわれたこのタイトルマッチは、リング中央で足4の字固めがかかった状態のまま、レフェリーのフレッド・アトキンスが審判判断で試合をストップするという異例の〝痛み分け〟のドローでデストロイヤーが王座防衛に成功。力道山もデストロイヤーも額から大流血し、デストロイヤーの白いマスクが内側から赤く染まっていくシーン――モノクロの画面ではあるけれど――がお茶の間のテレビ視聴者を震撼《しんかん》させた。

この時点での両者の対戦成績はデストロイヤーの1勝1引き分け（力道山から見ると1敗1引き分け）。正体不明のマスクマンという娯楽性、〝完全無欠の必殺技〟足4の字固めをめぐるスリリングな攻防、無敵の力道山がどうしても勝てなかった世界チャンピオンとして、デストロイヤーは一夜にして全国区レベルの知名度を手に入れたのだった。

このタイトルマッチを〝金曜夜8時〟のゴールデンタイムに生中継でオンエアした『プロレス中継』（日本テレビ系）は64パーセントという高視聴率を記録。この驚異的な数字は、日本国内のテレビ番組の視聴率トップ50位までをリストアップした「全局高世帯視聴率番組50」（ビデオリサーチ）の第4位に現在もランクされている。

また、力道山の死後、65年2月26日に放映されたデストロイヤー対豊登《とよのぼり》のWWA世界戦も51・2パーセントの高視聴率をあげ、この数字もまた同調査の第34位にランクインしている。テレビ番組の視聴率調査がはじまった62年12月から2019（平成31・令和元）年までの57年間で、プロレス中継番組（民放ネット局＝関東地区）が「全局高世帯視聴率番組50」に登場しているのはこの2回だけだ。このデータからもデストロイヤーの日本における一般的知名度の高さ、テレビ的な人気の高さを知ることができる。

力道山の生前最後の対戦相手

初来日から6カ月後の1963（昭和38）年11月、再来日したデストロイヤーは、『デストロイヤー・シリーズ』12連戦の地方巡業をまわりつつ、こんどは東京と大阪で2回、力道山が保持するインターナショナル王座に連続挑戦した。このタイトルマッチ2試合については当時の専門誌（『プロレス&ボクシング』64年1月号）に掲載された記事から本文を抜粋して引用する。

12月2日の東京体育館の試合リポートを担当した大須猛三《おすもうさん》は、漫画家、元力士、新聞記者、放送作家、演芸評論家といった多彩なプロフィルを持つ小島貞二さんのペンネームで、大相撲時代から力道山と親交のあった小島さんは、昭和30年代から昭和50年代半ばまでプロレス関連の随筆もひんぱんに書いていた。小島さんは1919（大正8）年生まれだから、この記事を執筆した時点では44歳。小島さんの独特のリズムとその日本語表現からはこの日の試合会場の空気をはっきりと読みとることができる。記事中の旧漢字と漢数字の用法、送り仮名の表記は原文のままとした。

力道山　デストロイヤー　バック・ドロップと足4字

「なにがなんでも勝つんだ！」という男の執念が火花散らした決戦だった。私は、このおそるべき名勝負を北側のリングサイドの「Aの十八」という最前列の席で見た。（中略）今まで力道山は、デストロイヤーと二度やり、一敗一引き分けに終っている。まだ一度も勝ってない。ルー・テーズにもブラッシーにも勝っている力道山にとって、デストロイヤーは「まだ勝ってない世界唯一のレスラー」なのだ。「借りはかならずかえす」と宣言して、わざわざアメリカから呼んだ男、それがザ・デストロイヤーなのである。（中略）

魔王は顔の前で両手でXをつくって防ぎ、あわててロープ下にとびおりた。力道山の空手の威力は、五月の試合でイヤというほど知っている。防御に工夫のあとが見える。（中略）このあたりまで、デストロイヤーが六、力道山が四といった攻防だ。相手の出方をうかがう冷静さが、力道山のひとみの中に感じられた。真のハッスルはまだ爆発していない。（中略）ロープにぶっつけ、はねかえるデストロイヤーの胸元めがけて、右にひらいての水平斬り。それもたった一発！　ダーッ！　とぶっ倒れた魔王。のしかかった力道山は、もうエビ固めの体勢をかためておさえこんだ。（中略）

足をとっての4の字固め！　一度二度、きまりかけたのを、力道山は横に足をねじってのがれたが三度目、ついにとらえられた。（中略）4の字がくずれたあとは、リング下の乱闘だった。もうめちゃくちゃだった。ヘッド・ロックにしめあげて、魔王は力道山の頭を幾たびもマット下に叩きつけた。ザックリ割れた力道山のひたい。その首をかかえて、また打ちつける魔王！「リキ、どうした……」とぶ声、叫ぶ声。あたりの客席は、一様に立ち上がった。私の位置からは、もうなにも見えない。（中略）と、そのときだった。私の目の前を、人ぶすま越しに、白いものと赤いものが乱れて、空に舞った。力道山の、バック・ドロップがモノの見事にきまった瞬間を見たのであった。「……十六、十七、十八……」力道山は、ロープをかいくぐっておどり上がった。（中略）ともかく、すごい試合だった。初めから終りまで、息つく間もない秘術、攻防の連続だった。日本プロレス史上、屈指のものとして残るであろうこの名勝負が演じられた昭和三十八年十二月二日（月）の夜の東京都体育館を私はきっと、いつまでも忘れ得ないであろう。

61分3本勝負の〝国際ルール〟でおこなわれたインターナショナル選手権試合は、挑戦者のデストロイヤーがロープに両足をかけての〝反則エビ固め〟で1本目を先取し、2本目は力道山がロープの反動を利用したカウンターの逆水平チョップでデストロイヤーから3カウントを奪ってスコアは1―1のタイ。小島さんは力道山の空手チョップをシンプルに〝空手〟、逆水平チョップを〝右にひらいての水平斬り〟と表現している。

決勝の3本目、場外で力道山のバックドロップが決まった瞬間の〝白いものと赤いものが乱れて、空に舞った〟という描写は、小島さんらしい落語的、演芸的ないいまわしということになるのかもしれない。力道山の試合をずっとすぐそばで観てきた小島さんによる「おそるべき名勝負」「初めから終りまで、息つく間もない秘術、攻防の連続」「いつまでも忘れ得ないであろう」といった記述からは、この試合がいかに歴史的な一戦であったかがうかがえる。

この2日後（12月4日）の大阪府立体育会館でのタイトルマッチ再戦の記事を執筆しているのは、当時、日本プロ・レスリング・コミッショナー事務局長の役職にあった工藤雷介さんだ。1913（大正2）年生まれで当時50歳だった工藤さんは、柔道出身のジャーナリストを経て「柔道新聞社」社主をつとめた人物。その経歴も異色だが、日本プロレス協会のコミッショナー事務局長といういわゆるインサイダーが専門誌で記事を書いている点がひじょうに興味ぶかい。内容的にはかなり〝読み物〟的なテイストで、いたるところに大正―昭和の日本語表現がちりばめられている。こちらの記事も〝跨間《こかん》〟〝咆《ほ》える〟〝坐《すわ》り〟〝密柑《みかん》〟〝間近か〟〝駈け〟など、現在は使われない旧漢字と漢数字の表記、送り仮名、誤字と思われる表記についても原文のまま引用した。

悪魔の掟「テキサス・ルール」

デストロイヤーにとっては最後のチャンスである。彼は好んで行なう「テキサス・ルールなら必ず力道山をやっつけてやる」と豪語していた。（中略）十分ころ、力道山の空手が一閃したあたりから、がぜん荒れ模様となり、デストロイヤーが力道山の跨《マ》間《マ》をこぶしで一撃してから殺気を帯びてきた。いよいよ狂暴性をあらわしたデストロイヤーはとび蹴り、こぶし打ちで力道山をさんざんに痛めつけ、ついに力道山の前額部は割れて血をふき出してしまった。

十五分経過デストロイヤーは自分のコーナーよりで、得意の四の字固め（フィギュア・4・レッグ・ロック）にはいった。うまいものである。さすがの力道山ものがれる術《すべ》はなかった。〝ウオッッウオッ〟と猛獣の咆えるようなうめき声をあげる。まったく痛そうである。（中略）レフェリーも「リキ参った？」を連発して力道山の反応をわずかでも見落すまいと真剣である。三分、四分「リキ頑張れ。場外へのがれろッ」と満場は騒然。アナウンサーが「お坐り下さい。お坐り下さい」と叫びあご紐をかけた警官がリング間近かにつめかけて、デストロイヤー目がけて密《マ》柑《マ》を投げる観衆を制止する。ピッピーと警笛がなる。（中略）

最後の力をふり絞った力道山はついにロープの下を潜って、足をからみあったままリング下へ転落した。「ワッ」と喚声をあげて観衆は総立ち、カメラマンがどっと駈けよる。レフェリーは「十五、十六」と大きいゼスチュアでカウントをとる。ついに両者ともカウント・アウト。（中略）凄まじい死の血闘二十一分二十五秒。力道山に死の恐怖を与えたデストロイヤーの〝四の字固め〟ワナにかかったイタチさながらの窮地におちいって、数分間よくこれに堪えて、カウントアウトを狙ってリング下にたどりついた強気の力道山。ともに賞讃すべき〝悪夢をみるような一戦〟であった。

（『プロレス&ボクシング』64年1月号）

通常の3カウントのピンフォールはなく、ギブアップかKOのみで勝負がつくテキサス・ルール（時間無制限1本勝負）でおこなわれたこのタイトルマッチは、デストロイヤーの足4の字固めがかかった状態で両者とも場外に転落。そのまま両者カウントアウトの引き分けとなった。これで力道山とデストロイヤーのシングルマッチでの対戦成績は4戦1勝1敗2引き分けのイーブンとなった。ついにこの闘いに完全決着がつくことはなかった。

シリーズ最終戦（12月7日＝浜松）では、力道山&グレート東郷&吉村道明対デストロイヤー&バディ・オースチン&イリオ・デ・パオロの6人タッグマッチという形で両者にとっては最後の対決がおこなわれた。その翌日の12月8日、力道山は赤坂のナイトクラブ『ニュー・ラテンクォーター』で暴漢に腹部を刺され、1週間後（12月15日）に入院先の赤坂・山王病院で死去。デストロイヤーは、力道山が生前最後に試合をしたレスラーとなったのだった。

ハワイの海に散骨

デストロイヤーと日本は、不思議な運命の糸で結ばれていた。

40代になった〝白覆面の魔王〟は、1972（昭和47）年12月、発足まもないジャイアント馬場の全日本プロレスに登場。「この試合に負けたら〝日本組〟に入る」という条件で馬場とシングルマッチで対戦して敗れ（12月19日＝新潟）、約束どおり全日本プロレス所属となった。〝王道〟全日本プロレス第1章の主力メンバーは馬場、ジャンボ鶴田、デストロイヤー、〝オランダの柔道王〟アントン・ヘーシンクの4人だった。

アメリカ人レスラーとしては初めて日本の団体所属選手となったデストロイヤーは、それから約7年間、東京に在住することになる。それはデストロイヤー自身の決断であり、家族の選択だった。多感な10代を日本で過ごした長男カートと長女モナ・クリス、まだ幼かった次男リチャードは日本語がペラペラで、日本の文化を愛するアメリカ人になった。

〝ヘンなガイジン〟デストロイヤーは、テレビ・タレントとしてバラエティー番組『金曜10時！うわさのチャンネル!!』（日本テレビ系）にレギュラー出演し、和田アキ子、せんだみつお、あのねのねら人気タレントとコントを演じてお茶の間の人気者に変身。フリーキャスターの草分け的存在で、当時はまだスポーツ担当の局アナウンサーだった徳光和夫は、番組内でデストロイヤーに足4の字固めをかけられ、その場面をみずから「くるぶしからヒザの半月板は鋭痛、太ももは鈍痛、脳天に突き抜けるような痛さであります！」「太ももから五臓六腑に、そして脳天から激痛が突き上げた！」と実況して大ウケしたことがきっかけでバラエティー路線を歩みはじめた。

現役選手としては円熟期を迎えたデストロイヤーは、アブドーラ・ザ・ブッチャーと因縁ドラマのロングランを演じ、〝覆面十番勝負〟ではミル・マスカラス、ミスター・レスリング、ザ・トルネード（ディック・マードック）、ザ・スピリット（キラー・カール・コックス）、カリプス・ハリケーン（サイクロン・ネグロ）、スーパー・デストロイヤー（ドン・

ジャーディーン）ら10人の〝刺客〟を倒して〝マスクマン世界一〟の称号を手にした。〝日本組〟としての最後の試合は、やっぱり馬場とのシングルマッチだった。友人であり、ライバルであり、おたがいによき理解者であったデストロイヤーと馬場は、もういちどだけシングルマッチで闘い、こんどはデストロイヤーがバックドロップで馬場からフォールを奪った（79年6月14日＝東京・後楽園ホール）。

アメリカに帰ったデストロイヤーは、ホームタウンのニューヨーク州アクロンで小学生、中学生を対象としたアマチュア・レスリングと水泳のコーチになった。もともと学校の先生だから、子どもたちにスポーツを教えることは無条件に好きだったという。50代のデストロイヤーは、毎年夏になるとバケーションのような感じで日本にやって来て、1シリーズだけ現役選手として全日本プロレスのリングで試合をつづけた。

マスクマンはトシをとらない生きものだけれど、やっぱりどこかで区切りをつけたかったのだろう。初来日からちょうど30年後の1993（平成5）年、デストロイヤーは日本で引退試合をおこなった。63歳のデストロイヤーは馬場、日本でプロレスラーになった長男カート・バイヤーとトリオを組み、永源遙《はるか》&渕《ふち》正信&井上雅央《まさお》と6人タッグマッチで対戦。気持ちよく汗をかき、最後は足4の字固めで若手の井上からギブアップ勝ちを奪い、日本のファンに笑顔で別れを告げた（7月29日＝日本武道館）。

リングを降りたデストロイヤーは、それからさらに二十数年間、毎年のように夏になると日本に戻ってきて震災被災地、養護施設、病院、スポーツ関連団体などを訪問。東京・港区の麻布十番納涼まつりで〝デストロイヤーの露店〟を出店し、ミニチュアの白覆面、Tシャツや人形、サイン入り色紙などのデストロイヤー・グッズを並べ、いつも流暢《りゅうちょう》な日本語でお客さん一人ひとりと楽しそうにおしゃべりをしていた。

２０１７（平成29）年11月、日本とアメリカのスポーツ文化交流、その発展・振興に寄与した功績を認められ、プロレスラーとしては初めて旭日双光章（叙勲）を受賞した。往年の〝白覆面の魔王〟のイメージのままマスクをかぶってセレモニーに登場した87歳のデストロイヤーの姿が、時空を超えて21世紀のテレビとインターネットの動画画面に映しだされた。

19年3月7日、ニューヨーク州アクロンの自宅で死去。88歳だった。故人の遺志に従い、同年11月、その遺骨は家族の手でハワイの海に散骨された。

第3章　〝大巨人〟アンドレ・ザ・ジャイアント

存在そのものが非日常

アメリカでのニックネームは〝世界の7不思議〟ならぬ〝世界の8番めの不思議（The Eighth Wonder Of The World）〟。日本では1970（昭和45）年の初来日から20年以上にわたり〝大巨人〟として親しまれ、国際プロレス、新日本プロレス、全日本プロレスのリングで活躍した。

WWEの〝レッスルマニア3〟におけるアンドレ・ザ・ジャイアントとハルク・ホーガンとのシングルマッチは、9万3173人というその時点でのプロレス興行における観客動員新記録を樹立（87年3月29日＝ミシガン州デトロイト、ポンティアック・シルバードーム）。アメリカの3大ネットワークのひとつ、NBCが放映したプライムタイム特番〝サタデーナイト・メインイベント〟での同カードの再戦は、アメリカとカナダの3300万世帯が視聴し、15・2パーセントの高視聴率をはじきだした（88年2月5日オンエア）。この15・2パーセントという数字は、過去60年間にアメリカ国内で放映されたプロレス番組の最高視聴率記録で、30年以上が経過した現在でもこの記録はまだ破られていない。

46年5月19日、フランス南東部の山岳地帯グルノーブル生まれ。本名アンドレ・ルネ・ロシモフ。アクロメガリー（acromegaly＝先端・肢端巨大症、下垂体性巨人症、末端肥大症）という成長ホルモン過分泌による先天性の疾患のため、食事と運動量には関係なく四肢が肥大化しつづけ、成人後も身長と体重の増加にストップがかからなかった。

少年時代のアンドレはサッカー、ラグビー、ボクシングなどのスポーツにトライしたとされ、12歳のときにすでに身長190センチ、体重90キロとなり、17歳で身長2メートル、体重110キロの巨体に成長。18歳の誕生日をまえに農業を営んでいた実家を離れて〝花の都〟パリに移り住み、64年、プロレスラーとしてデビューした。当時のリングネームはアンドレ〝ザ・ブッチャー〟ロシモフで、場所によってはモンスター・ロシモフ、モンスター・エッフェル・タワー・ロシモフを名乗った。

プロレス入りの経緯については諸説があるが、イギリス人レスラーのロード・アルフレッド・ヘイズにスカウトされ、のちに専属マネジャーとなるフランク・バロア――40年代から60年代にかけてカナダとヨーロッパで活躍したフランス系カナダ人レスラー――が若き日のアンドレにレスリングの手ほどきをしたというストーリーが関係者のあいだでは

〝定説〟となっている。

ヨーロッパ・マットをツアーしていたアンドレがフランスを離れ、カナダのモントリオール（フランス語圏）に活動の場を移したのは70年。アンドレが24歳のときだった。モントリオールのメディアに伝えられた〝おとぎばなし〟のプロフィルは、〝マットの魔術師〟のニックネームで60年代に一世を風びしたエドワード・カーペンティアが故郷フランスを旅行中、山奥で〝木こり〟をしていたアンドレを発見してモントリオールに連れ帰ったというものだった。カーペンティアがパリ郊外のハイウェイを自動車で走行中、倒れた大木で道がふさがれていたところにどこからともなくアンドレが現れ、人間ばなれした怪力でその大木をどかしてくれたというバージョンのストーリーもある。

70年代から80年代前半まで公私にわたりアンドレのマネジャーをつとめたF・バロアと無名時代のアンドレをパリで引き合わせたのがカーペンティアだったとする説もあり、ルーキー時代のアンドレとカーペンティアのあいだになんらかのコネクションがあったことは事実なのだろう。

アンドレの〝発見者〟を公言したもうひとりの人物は、元AWA世界ヘビー級王者で同団体オーナーだったバーン・ガニアだ。アンドレとガニアは、アンドレがモンスター・ロシモフのリングネームで初来日した70年1月、国際プロレスの『新春シリーズ』で遭遇。ガニアはまだ23歳の若手だったアンドレにヘビー級ボクサーへの転向を勧めたとされるが、アンドレ自身はプロボクシングにはあまり興味を示さなかった。ガニアはその後、アンドレを〝試験的〟に何度かアメリカ中西部のAWAのリングにブッキングしたが、なぜかレギュラー・ポジションは用意しなかった。

モントリオール時代のリングネームはジーン・フェレ（Jean Ferre　フランス語読みの発音はジャン・ファレー）で、〝世界の8番めの不思議〟というニックネームがつけられ、公式プロフィル上の身長が7フィート4インチ（約223センチ）に〝統一〟されたのもこのころだが、じっさいの身長は6フィート11インチ（約210センチ）くらいだったとされる。体重のほうはキャリアとともに385ポンド（約175キロ）、445ポンド（約202キロ）、500ポンド（約227キロ）と増加しつづけた。

モントリオールでの3年間はもっぱら1対2、2対3（アンドレのパートナーは身長170センチちょっとのカーペンティア）のハンディキャップ・マッチをこなし、年に数回しかおこなわないシングルマッチではドン・レオ・ジョナサン、キラー・コワルスキーといったアンドレ出現以前の巨人レスラーたちがアンドレの対戦相手となった。

アンドレの専属マネジャーとなったフランク・バロアがＷＷＦ（現・ＷＷＥ）オーナーのビンス・マクマホン・シニアとミーティングをおこなったのは72年12月のことだった。ビンス・シニアは、ジーン・フェレをアンドレ・ザ・ジャイアントと改名し、ニューヨークのマディソン・スクウェア・ガーデン定期戦のリングでデビューさせた（73年3月26日、対戦相手はバディ・ウルフ）。

じつはアンドレにはある〝弱点〟があった。それは、ずっと同じ場所にとどまっていると商品価値が下がるというパラドックスだった。モントリオールをホームリングにして1年を通じて同地のリングに定着するようになると、いつもそこにいる〝大巨人〟は観客にとってそれほどめずらしい存在ではなくなり、しかも、あまりにも強すぎるため対戦相手がいなくなり、ほかの主力選手たちの〝番付〟とカード編成のバランスが崩れ、結果的にエリア全体の観客動員（興行収益）が下降するという予想外の負のスパイラルが生じた。モントリオールにおけるこの現実は、アンドレにとってもプロモーターにとってもひとつの教訓となった。

アンドレのこのただひとつの〝弱点〟を早い段階から見抜いていたビンス・シニアは、プロデュースしたばかりの〝新商品〟を東海岸エリアには定着させず、WWE専属契約タレントとして全米各地のNWA加盟テリトリー、AWA、カナダ、メキシコ、日本、オーストラリア―ニュージーランドの南半球エリアなどへ向けてそれぞれ短期間のツアーをブッキングしていった。〝大巨人〟アンドレは存在そのものが非日常であることが大前提、というまったく新しい発想のマーケティング戦略だった。

70年代のアメリカのプロレス界はNWA、AWA、WWEのメジャー3団体が不可侵条約を結び、地方分権型のマーケットが確立していた時代だった。アンドレはそんな時代性を象徴するような〝親善大使〟として、団体の枠を超えた超党派のスーパースターとなり、アメリカじゅうのローカル団体はアンドレがゲスト出場するバトルロイヤルをメインイベントにその土地ごとに〝史上最大のスーパーイベント〟をプロモートした。

20世紀の〝ガリバー旅行記〟のもうひとつの大きなストーリーは、「いったいだれがアンドレをボディースラムで投げるか」だった。ボディースラムは相手の体を頭上高く抱え上げてからキャンバスに叩き落とす、プロレスにおけるいちばんオーソドックスな大技。〝大巨人〟の巨体を持ち上げてボディースラムで投げたレスラーたちの名とその試合がおこなわれた場所と状況は、のちのちまでそれが〝伝説〟となった。

公式記録のようなものはなく、映像に残されている試合とそうでない試合とがあるが、モントリオール時代はブッチャー・バションが、日本では国際プロレスのリングでストロング小林が、新日本プロレスでアントニオ猪木と長州力が、メキシコではカネック、ヨーロッパではローラン・ボックがそれぞれアンドレをボディースラムで投げた。

アメリカ人レスラーでは70年代後半から80年代にかけてハーリー・レイス、ハルク・ホーガン、スタン・ハンセン、ブルーザー・ブロディ、アルティメット・ウォリアーらスーパースターがタイトルマッチやビッグマッチで、あまり知られていないところではブラック・ジャック・マリガン、マスクド・スーパースター、ジャイアント・キマラらスーパーヘビー級の男たちが〝大巨人〟をボディースラムでキャンバスに叩きつけた。

〝ギネスブック〟の74年版には「年俸世界記録40万ドルのレスラー」としてアンドレの名が掲載された。いまから40年以上まえの40万ドル（1ドル＝300円換算で約1億2000万円）はMLBプレーヤー、NFLプレーヤーの年俸をも上回る天文学的数字だった。

プロレスのフレームからはみだしたセレブリティーとなったアンドレは、TVシリーズ『600万ドルの男』（76年）、映画『キング・オブ・デストロイヤー　コナンPART2』（84年）、映画『プリンセス・ブライド・ストーリー』（87年）をはじめ、数多くのテレビ番組、映画にも出演した。

『スポーツ・イラストレーテッド』誌（81年12月21日号）がアンドレの半生をノンフィクションにまとめ、その映画化の企画が進められたこともあったが、アンドレ自身がそれを望まなかった。

昭和のプロレス史とパラレルなアンドレ史

アンドレと日本のプロレス界はつねに特別な関係にあった。ヨーロッパ・マットからの招へいルートに乗って、モンスター・ロシモフは1970（昭和45）年から72年まで国際プロレスに3回来日。初来日時はハンガリー出身のマイケル・ネイダーとのコンビでサンダー杉山&グレート草津を下しIWA世界タッグ王座を獲得（70年1月18日＝福岡）。71年の『第3回IWAワールド・シリーズ』、72年の『第4回IWAワールド・シリーズ』に連続出場した。

『第3回IWAワールド・シリーズ』ではカール・ゴッチ、ビル・ロビンソンとの3者同率の決勝リーグで僅差のポイント差を制して初優勝。ゴッチとのリーグ戦公式戦では〝神様〟から大殊勲のフォール勝ちをスコアした（4月30日＝東京・品川公会堂）。これがアンドレの日本における最初の記念碑的なシングルマッチだった。アンドレ対ゴッチ、アンドレ対ロビンソンという夢のカードが昭和40年代の国際プロレス――67年1月から81年8月まで約15年間存続――で実現していたのは不思議な感じがする。水曜夜7時のゴールデンタイム番組だった『国際プロレス中継』（TBS）で放映されたこれらの試合映像は残念ながら残っていない。

アンドレ・ザ・ジャイアントに改名したアンドレは、WWEと新日本プロレスの業務提携ラインで74年2月からは新日本プロレスのシリーズ興行にレギュラー外国人選手として出場。アメリカ国内ではいつも静かな笑みをたたえる〝心優しい大巨人〟を演じていたアンドレが、日本のリングではアントニオ猪木のライバルとして徹底してヒールを演じた。

得意技のレパートリーは「2階から振り下ろす」と形容されたジャイアント・ヘッドバット（頭突き）、ジャイアント馬場の16文キックとの対比で〝18文キック〟と呼ばれたビッグブーツ、〝圧殺〟という表現がピッタリだったジャイアント・ボディープレスなど。いまになってみると、新日本プロレスにおけるこの悪役体験が、のちに〝レッスルマニア3〟でハルク・ホーガンと闘ったときの〝怖い大巨人〟のモチーフになっていた。

昭和の新日本プロレス史とアンドレ史はきっちりとパラレルの関係にあった。74年12月、新日本プロレスのブラジル・サンパウロ公演において猪木対アンドレのNWFヘビー級選手権が実現（両者リングアウトで猪木が王座防衛に成功）、猪木対モハメド・アリの〝世紀の一戦〟から4カ月後の76年10月には『格闘技世界一決定戦』として異種格闘技ルールで猪木とアンドレが対戦（アンドレの流血により猪木がレフェリー・ストップ勝ち）。

〝春の本場所〟として78年にスタートした『MSG（マディソン・スクウェア・ガーデン）シリーズ』第1回大会の決勝戦では、猪木がアンドレを場外カウントアウトで下し初優勝（5月30日＝大阪）。タッグ版の『MSGタッグ・リーグ戦』第2回大会では、アンドレはレネ・グレイとの〝フランス人コンビ〟で優勝（81年12月）。『MSGシリーズ』としては最後の開催となった82年の第5回大会では、アンドレが負傷欠場の猪木の〝代打〟として決勝戦に出場したキラー・カーンを退け同リーグ戦に初優勝した（4月1日＝東京・蔵前国技館）。

リーグ戦やタイトルマッチではないが、プロレスファンの記憶に残る名勝負としては81年のスタン・ハンセンとのシングルマッチが〝最強ガイジン対決〟〝田《でん》コロ決戦〟として語り継がれている（9月23日＝東京・田園コロシアム）。試合はアンドレのレフェリー暴行によるハンセンの反則勝ちという不透明決着に終わったが、ハンセンがアンドレの巨体を十八番ウェスタン・ラリアットでなぎ倒し、軽がるとボディースラムでキャンバスに叩きつけたシーンは昭和の怪獣映画のようなイメージだった。

田園コロシアムはかつて大田区田園調布にあった1万人収容サイズの屋外多目的スタジアムで、プロレスでは数かずの名勝負が生まれた地だ。タイガース、チューリップ、ピンクレディー、サザンオールスターズ、チャゲ&飛鳥《あすか》など時代時代を象徴する音楽アクトがコンサートをおこなった場所としても知られ、1989（平成元）年に閉館となり、ポップカルチャーの分野でも〝昭和の名所〟という位置づけになっている。

新日本プロレス時代のアンドレの東京での宿泊先は新宿の京王プラザホテルで、同ホテル1階のレストラン『樹林』のいちばん奥のブースにはアンドレと仲間の外国人選手グループがよく陣どっていて、出待ちの少年ファンの集団が外から店のなかをのぞくと、アンドレの大きな頭だけが見えたというエピソードがある。

京王プラザホテルがアンドレの泊まる部屋のバスルーム（とトイレ）を巨大な〝アンドレ仕様〟にリフォームした、ホテルのカクテルラウンジでひと晩で瓶ビール150本とワイン50本を飲みほした、地方巡業のさいにパチンコ屋へ入ったらスツール席に腰かけたとたんそのスツールごとフロアが陥没した、タクシーに乗ったらドアにつかえて後部座席から出てこられなくなったなど、その大きさにまつわるほんとうかウソかわからない都市伝説はたくさんある。

余談ではあるが、京王プラザホテルのロビー階のエレベーターまえでアンドレが自室から降りてくるのを〝出待ち〟していると、〝死神博士〟――テレビシリーズ『仮面ライダー』でショッカーの大幹部〝死神博士〟を演じていた俳優の天本英世さんもこのホテルを定宿にしていた――がいきなりエレベーターのなかから出てきて、少年ファンがみんなで走って逃げだしたという、いかにも70年代らしいこぼれ話もある。

猪木のライフワーク〝インターナショナル・レスリング・グランプリ（世界統一機構）〟として開催された『IWGPシリーズ』にも、アンドレは83年の第1回大会から86年の第4回大会まで連続出場。いまも昭和世代のプロレスファンのあいだで語り草、あるいは〝研究材料〟となっている試合としては86年4月の前田日明とのシングルマッチがある（4月29日＝三重・津）。試合途中からいわゆるガチンコの〝シュート・マッチ〟になったとされるこの一戦は、アンドレがキャンバスによこになったまま不可解な試合放棄という形でジ・エンドとなった。

この試合を録画収録したテレビ朝日は番組担当プロデューサーの判断で『ワールドプロレスリング』でのオンエアを中止したが、映像そのものはのちに局外に流出し、〝裏ビデオ〟としてひそかに流通した。インターネットがなかった時代はVHSビデオのダビング（のダビング）が気合いの入ったマニア層のお宝だった。

アンドレが新日本プロレスをセミ・ホームリングとして活動していたのは74年から86年までで、年齢にすると28歳から40歳の13年間。80年代前半は年間12週間から15週間のスケジュールで来日していたから、1年のうちの3カ月から4カ月を日本で過ごしていたことになる。プロレスラーとしての全盛期はおそらくこの時代だったのだろう。

ノースカロライナの牧場の土に還《かえ》る

アンドレの世界規模のツアー生活は、現在のビンス・マクマホンが全米マーケット進出計画に着手する1984（昭和59）年までつづいた。父ビンス・シニアから興行会社をテイクオーバーしたビンスは、老舗《しにせ》団体NWA、AWAと絶縁し、〝親善大使〟アンドレの年間スケジュールも凍結。新日本プロレスとのパートナーシップだけを86年まで継続した。

アンドレがまさかのヒール転向を果たし、〝レッスルマニア3〟でハルク・ホーガンとの世紀の一戦が実現するのはWWEの〝1984年体制〟から3年後の87年のことだった。この試合でホーガンはボディースラムからランニング・レッグドロップの必勝フルコースでアンドレから〝3カウント〟の完全フォールをスコア。アメリカにおける〝大巨人伝説〟に終止符を打つとともに、名実ともにレスリング・ビジネスの頂点の座に就いた。

いっぽう、40代に手が届いたアンドレの肉体はすでに限界に近づいていた。

WWE、全日本プロレス、新日本プロレスの3団体が共同開催した『日米レスリング・サミット』（90年4月13日＝東京ドーム）でジャイアント馬場とタッグを組んだアンドレ（アックス&スマッシュのザ・デモリッションと対戦）は、同年9月から全日本プロレスに活動の場を移した。馬場との〝大巨人コンビ〟で1990（平成2）年、91年の『世界最強タッグ決定リーグ戦』に2年連続出場。リーグ戦にはエントリーしなかったが、92年の『世界最強タッグ』にも来日し、3週間のシリーズ興行に同行した。アンドレは馬場とのタッグでリングに上がること、気心の知れたアメリカ人選手たちとの全日本プロレスでのツアー生活をエンジョイしているようだった。

生涯最後の試合は、その92年の『世界最強タッグ』シリーズ最終戦（12月4日＝日本武道館）での馬場&アンドレ&ラッシャー木村対永源遙&大熊元司&渕正信の6人タッグマッチ（アンドレが大熊をフォール）。笑顔のアンドレと木村が――試合そのものの流れとは関係なく――リング上で仲よくダンスを踊ったシーンが印象的だった。この日、アンドレといっしょにリングに立っていた馬場、木村、永源、大熊ももうこの世にはいない。

93年1月27日、父親ボリス・ロシモフさんの葬儀に参列するためフランスに帰国中、滞在先のホテルの自室で急死。死因は心臓発作。46歳だった。

アンドレの死はＡＰ通信のニュースワイヤーで世界じゅうに配信され、アメリカ国内ではＮＢＣ、ＡＢＣ、ＣＢＳの３大ネットワークをはじめＣＮＮ、ＥＳＰＮなど主要なテレビ局がこぞって特集枠を組んだ。

アンドレは顧問弁護士に託していた遺書のなかで「死後48時間以内の火葬」を希望していたため、アンドレの最後の滞在先となったパリのホテルは葬儀場を探したが、身長７フィート４インチ、体重５００ポンドのアンドレの体を火葬する場所が見つからず、〝大巨人〟の遺体は３００ポンドの特注オーク材の棺《ひつぎ》に納められ、貨物用エアカーゴでアメリカに送り返された。

大きな骨つぼに納められた19ポンド（約８・６キロ）の遺骨は、アンドレが所有していたノースカロライナ州エラビーの敷地面積２００エーカー（約24万５０００坪）の広大な牧場の土となったのだった。

第4章　〝人間風車〟ビル・ロビンソン

生涯追求した〝キャッチ・アズ・キャッチ・キャン〟

プロレスラーというよりも、レスリングの求道者といったほうがいいかもしれない。少年時代から故郷イングランドで学んだ〝キャッチ・アズ・キャッチ・キャン（ランカシャー式レスリング）〟の延長線上にプロフェッショナル・レスリングがあって、実戦としてのレスリングをつづけているうちに、気がついたらプロレスに人生を捧《ささ》げていたということなのだろう。

プロレスラーとしての現役生活は１９５８（昭和33）年から85年までの28年間。日本では国際プロレス、新日本プロレス、全日本プロレスの３団体で活躍し、引退後もキャッチ・アズ・キャッチ・キャン・レスリングの指導と研究をつづけた。ニックネームは〝人間風車〟。トレードマーク技のダブルアーム・スープレックスの和訳がそのまま漢字のニックネームになった。

38年９月18日、イングランドのマンチェスター出身。本名ウィリアム・Ａ・ロビンソン。曾祖父ハリー・ロビンソンはボクシングの元ブリティッシュ・ブラスナックル王者で、伯父アウフ・ロビンソンはボクシングの元ヨーロッパ・ヘビー級王者からプロレスに転向。父ウィリアム・ジェームズ・ロビンソンもライトヘビー級のボクサーで、ロビンソン自身も少年時代はボクシングを志したが、11歳のときに右目の眼球を負傷して視力を失いプロボクサーになる夢を断念した。

イングランド北西部、マンチェスター郊外ウィガンのビリー・ライレー・ジム〝スネークピット（蛇の穴）〟でレスリングを習いはじめたのはロビンソンが15歳のときだった。道場主ビリー・ライレー（本名ウィリアム・ヘラルド・ライレー）は、１９０９（明治42）年、14歳でプロレスラーとしてデビューし、46年まで37年間、現役で活動した元世界ミドル級王者。生まれた年については、資料によって〝１８９６年説〟と〝１９００年説〟とがある。ロビンソン少年にキャッチ・アズ・キャッチ・キャンの手ほどきをしたのは、ライレーの弟子で師範代のビリー・ジョイスだった。道場のモットーは〝学ぶことを学べ Learn how to learn〟で、練習メニューはあくまでもスパーリングが中心だったという。

〝神様〟カール・ゴッチは、50年代前半にロビンソンの伯父アウフ・ロビンソンの招きでウィガンに移り住み、〝蛇の穴〟でサブミッション（関節技）の技術を身につけた。この道場でゴッチがロビンソンをレスリングのケイコでぐしゃぐしゃにしたという〝伝説のスパーリング〟がおこなわれたとき、ロビンソンはまだ15歳で、すでにプロレスラーとしてデビューしていたゴッチは29歳だった。

現在のプロレスのルーツであるレスリングは、中世以降にヨーロッパのイギリス語圏とフランス語圏で大きな発展をとげた。イギリスには大きく分けて4種類から5種類のフォーク・レスリング——その地方ごとに発祥・伝承される伝統的なレスリング。これをどう分類するかは民俗学の領域とされる——が存在した。カンバーランド・スタイル、ウェストモーランド・スタイル／デボンジャー・スタイル、コーニッシュ・スタイル、そして、ランカシャー・スタイルがその源流である。

正面から相手と組み合い、相手を投げ、押し倒し、仰向けにした相手の両肩をマット（あるときは地面）につけてピンフォールを奪うか、関節技で相手を降参させて勝負をつけるというのがイギリス式レスリングの基本的なルールだった。このイギリス式のキャッチ・アズ・キャッチ・キャンから関節技だけを除外したものが、現在のアマチュア・レスリングのフリースタイルの原形となった。

アマチュア・レスリングの世界共通のもうひとつのスタイルであるグレコローマン・スタイルは、フラット・ハンド・レスリングあるいはフレンチ・レスリングと呼称されたフランス流のフォーク・レスリングがそのルーツで――1870年のプロシアとフランスの普仏戦争のあと――19世紀末にフランスで完成し、オーストリアハンガリー帝国、デンマークとノルウェーをはじめとする北欧諸国、南ヨーロッパのイタリア、そしてロシアへと伝わっていったとされる。

レスリングの起源は古代ローマにあるとの主張から、イタリア人レスラーのバシリオ・バルトーリがこれをグレコローマン・レスリングと命名したが、じっさいは古代ギリシャの格闘技とも古代ローマの格闘技とも系図・系譜上の関連性はなく、競技スポーツとしての歴史は150年ほどだからそれほど古くはない。

ウエスト（腰）から上だけを使うスタンディングのレスリングこそ紳士的、男性的な闘い方で、地べたをはいつくばりながら闘う（イギリス流の）行為は下品――手、ヒジ、腰よりも下が地面についたら負け――というフランス流の考え方、美意識がグレコローマン・スタイルの根底にはあり、フリースタイルとの根本的な様式のちがいを決定づけた。

近代レスリングのふたつの源流にも〝英仏百年戦争〟からつづくイギリスとフランスのいがみ合いの歴史が大きく影響している。

ロビンソンが生涯の学習としたランカシャー・スタイルのキャッチ・アズ・キャッチ・キャン・は、イギリスのフォーク・レスリング群のなかでももっとも実戦的なフォームとされる。ここでいう実戦的とは、どんなスタイルのレスリング（あるいは異文化の格闘技）との闘いにも対応できるひとつの型を指す。21世紀のMMA（ミックスト・マーシャル・アーツ）にもつながっていく〝なんでもあり〟の闘いの範ちゅうでは、最終的には体と体を密着させての関節技が戦意喪失の意思表示（ギブアップやタップアウト）を導きだすという結論はいまも昔も変わらないということなのだろう。

ロビンソンの少年時代、キャッチ・アズ・キャッチ・キャンを教える町道場がイギリスじゅうのいたるところにあったという。

58年6月、ロビンソンは19歳でプロレスラーとしてデビューし、イギリス国内をはじめスペイン、フランス、ドイツ、ベルギー、ポルトガルなどヨーロッパ全域のトーナメント大会に出場。60年代前半はインド、ネパール、レバノン、リビア、エジプトといったアジア、中東の各国で、アメリカや日本でカテゴライズされるところのプロレスではないプロのレスリングを体験した。

ロビンソンの代名詞となる〝人間風車〟ダブルアーム・スープレックスは、ドイツ遠征中にブービー・アールというミュンヘン在住の元オリンピック選手から伝授されたものだった。

65年、ドイツでホースト・ホフマンからヨーロッパ・ヘビー級王座を奪取し、67年にはイギリスで〝蛇の穴〟の大先輩にあたるビリー・ジョイスを下し大英帝国ヘビー級王者となったロビンソンは、68年4月、〝ヨーロッパ最強の男〟として初来日した（当時29歳）。この時代の日本のプロレス界は老舗・日本プロレスと後発の国際プロレスの2団体時代で、この前年に発足したばかりの国際プロレスはおもにヨーロッパ・マットから外国人選手を招へいしていた。

ロビンソンは同年11月、国際プロレスの『第1回IWAワールド・シリーズ』トーナメントに優勝して初代IWA世界ヘビー級王者に認定され、〝日本組のガイジン〟というそれまでの日本のプロレスにはなかったポジションでシリーズ興行に同行。道場では日本人選手の強化コーチも兼務し、翌69年4月まで半年間、東京に滞在した。

外国人選手グループがほぼ自動的に〝悪役〟を演じ、日本人選手グループ（正統派）と対戦するというカード編成が基本モードだった時代に、ひとりだけ日本組に編入してガイジン組と闘うロビンソンの〝役柄〟はひじょうに斬新だった。反則プレーをいっさいしない〝いい者〟のガイジン、キザなくらいレスリングのテクニックがキレるロビンソンの英国紳士っぽさは、ややステレオタイプ的ではあるけれど、ビートルズやジェームズ・ボンドのイメージに近かった。

その後、ロビンソンはスチュー・ハートのブッキングでカナダ・カルガリーに遠征し、ここでアメリカから遠征してきたNWA世界ヘビー級王者ドリー・ファンク・ジュニア（当時）に初挑戦。70年にはロード・ブレアースの紹介でハワイに拠点を移し、71年にアメリカ本土に移住した。いまになってみると、日本とのコネクションがイギリス人のロビンソンをアメリカのレスリング・シーンに導いたととらえることもできる。ヨーロッパの〝プロレス経済〟は衰退しつつあった。

アメリカに渡ったロビンソンは、北部ミネソタのAWA（アメリカン・レスリング・アソシエーション）をホームリングとして活動しながらテキサス、テネシー、フロリダ、カナダのバンクーバー、モントリオール、メキシコのサーキットにも足を伸ばした。

〝AWAの帝王〟バーン・ガニアの後継者といわれた時期もあったが、ガニアはロビンソンを次期AWA世界王者候補ではなく〝ガニア道場〟のヘッドコーチに任命し、のちに80年代のスーパースターとして一世を風びすることになるリック・フレアー、ケン・パテラ、カズロー・バジーリ（アイアン・シーク）、ボブ・リーマス（サージャント・スローター）らがロビンソンのしごきを受けた。ロビンソンが〝新弟子〟だったフレアーにキャッチ・アズ・キャッチ・キャンを教えたかどうかはさだかではない。

日本におけるロビンソンのいちばんの名勝負は、75年12月にたったいちどだけ実現したアントニオ猪木とのシングルマッチだった。60分フルタイムを闘いきり、1—1のタイスコアのまま時間切れドローに終わったNWFヘビー級選手権は〝伝説のタイトルマッチ〟としていまも語り継がれている。ロビンソンとも猪木とも関係の深い〝神様〟カール・ゴッチと〝鉄人〟ルー・テーズが特別ウィットネスとして来日し、この試合をリングサイド席から見守った。〝歴史的な一戦〟にふさわしい登場人物が試合開始まえのリング上でロビンソン、猪木とそれぞれ握手を交わすシーンはまるで梶原一騎《かじわらいっき》の実録劇画の世界のようだった。

60分3本勝負の1本目は、42分53秒、ロビンソンが一瞬のバックスライド（逆さ押さえ込み）で猪木をフォール。3本勝負の1本目が40分を超す耐久レースとなるのはたいへんめずらしい展開だった。2本目は16分19秒のタイムで猪木が卍固めでギブアップ勝ち。残り試合時間〝48秒〟というシチュエーションでスタートした3本目は、両選手がロープサイドでからみ合ったまま、あっというまに試合終了のゴングとなった。完全決着がつかなかったことがかえって観客の脳裏に余韻を残した。

現在進行形の視点でこの試合の映像をもういちどふり返ってみると、それは〝蛇の穴〟の流れを汲《く》むランカシャー式レスリングの正統な継承者であるロビンソンと、そのロビンソンの兄弟子であるゴッチからレスリングを学んだ猪木の60分間にわたるキャッチ・アズ・キャッチ・キャンの攻防だったことがわかる。

しかし、新日本プロレスとの関係はなぜか1シリーズで終わり、ロビンソンはそれから半年後にライバル団体の全日本プロレスに活動の場を移した。

現役時代のロビンソンはめったにフォール負けを喫しないレスラーだったが、76年7月、全日本プロレスに移籍したシリーズではジャイアント馬場とのタイトルマッチで2―1のスコアで完敗した。60分3本勝負の1本目は馬場が9分24秒、バックドロップからロビンソンをフォール。2本目は6分8秒、ハーフ・ボストンクラブ（逆片エビ固め）でロビンソンがギブアップ勝ち。3本目は5分45秒、フライング・ネックブリーカードロップで馬場がフォール勝ち。トータルの試合タイムは20分強。おたがいに死力を尽くした猪木との60分フルタイムの死闘と比較すると、ずいぶんあっけない負け方だった。

このシリーズ中、ロビンソンはジャンボ鶴田ともシングルマッチ（60分3本勝負）で対戦し、1―1のタイスコアのまま60分タイムアップのドロー裁定のあと、5分間の〝延長戦〟もさらにタイムアップとなる65分時間切れ引き分けという持久戦を演じた。鶴田はこの時点ですでに全日本プロレスのナンバー2のポジションにあったが、キャリア3年、25歳の鶴田とロビンソンの実力が互角、あるいは互角に見える試合結果は、猪木ファンをガッカリさせた。このときのロビンソンは明らかにオーバーウエートで、それまでのショートタイツではなくアマチュア・レスリング用のシングレットを着用していた。

昭和のプロレスファン、とくに少年ファンがプロレスと接していくうえでの最大のテーマは、〝馬場像〟と〝猪木像〟の闘いだった。ジャイアント馬場とアントニオ猪木の一騎打ちはどうやら実現しない夢の対決だったから、少年ファンは馬場とも猪木とも闘った外国人選手をひとつの比較対象としてこのふたりの闘い（とその試合結果）を想像してみるしかなかった。ロビンソンは、全盛期あるいは全盛期に近いコンディションの馬場とも猪木ともシングルマッチで対戦した数少ない超一流外国人レスラーのひとりだった。

全日本プロレスのレギュラー外国人選手となったロビンソンは、77年3月、鶴田を下しUNヘビー級王座を獲得。78年6月には、反則裁定ながら馬場を下してPWFヘビー級王者になったキラー・トーア・カマタを一蹴して同王座を獲得。81年8月、天龍源一郎とのコンビで馬場&鶴田が保持するインターナショナル・タッグ王座に挑戦した試合は、当時キャリア6年の天龍が〝プロレス開眼〟した記念すべき試合といわれている。いわゆるベテランの域に達したロビンソンは、85年、47歳で引退するまで全日本プロレスに在籍した。

アメリカのグリーンカード（永住権）を取得したロビンソンは、引退後はミネアポリスでコンビニエンス・ストアの店長、ラスベガスに転居してホテルのセキュリティーといった仕事についたが、1992（平成4）年にルー・テーズの推薦でUWFインターナショナルの専任コーチに就任。テネシー州ナッシュビルに新設されたUインター米道場でビリー・スコット、ジーン・ライディックといった〝U仕様〟のアメリカ人レスラーをコーチし、東京・世田谷の道場でも田村潔司《きよし》、桜庭《さくらば》和志《かずし》、高山善廣《よしひろ》ら平成世代のプロフェッショナル・レスラーの育成にかかわった。

60歳で高円寺に引っ越し

ロビンソンのレスリングの旅にはまだつづきがあった。UWFインターナショナル所属だった元プロレスラーの宮戸《みやと》優光《ゆうこう》が、1999（平成11）年3月、レスリング道場『UWFスネークピット・ジャパン』を設立し、ロビンソンにヘッドコーチ就任を依頼した。国際プロレスの強化コーチとして東京でアパート暮らしをしてから30年という歳月が過ぎようとしていた。

宮戸は、小学6年生のときに蔵前国技館で猪木対ロビンソンの試合を観てプロレスを志した。中学2年生の夏休みに世田谷区野毛《のげ》の新日本プロレス道場を見学にいって、新弟子時代の前田日明と出逢った。中学を卒業したらすぐに新日本プロレスに入門するつもりだったが、前田からは「高校へ行ってスポーツをやれ」とアドバイスされた。宮戸の両親も、宮戸がプロレスラーになることには大反対だった。

高校を卒業した宮戸はなんとなく大学に進んだが、兄のように慕っていた前田から佐山聡（初代タイガーマスク）を紹介され、佐山がオープンした格闘技道場『タイガー・ジム』のインストラクターになった。両親に反対され、佐山からも「よく考えたほうがいい」といわれたけれど、大学は2年でやめてしまった。第一次UWFのリングでプロレスラーとしてデビューしたのは1985（昭和60）年9月6日、後楽園ホール大会の第1試合だったが、それからわずか5日後の9月11日、UWFは活動停止し、事実上倒産した。

11年間のプロレスラー生活で、宮戸は第一次UWF、新日本プロレス、第二次UWF、UWFインターナショナルの4団体のリングに上がった。現役選手としての最後の試合は96年6月18日、両国国技館でのトム・バートンとのシングルマッチ。20代前半から30代前半までの〝プロレスの青春時代〟をともに過ごした高田（現・髙田）延彦が「きわめて近い将来の引退」を宣言した日、宮戸はひとりで群れを離れ、Uインターを去った。

猪木とロビンソンの試合を観てプロレスラーになることを決めた宮戸は、前田―佐山―UWFを経てキャッチ・アズ・キャッチ・キャンにたどり着いた。たどり着いたというよりは、ぐるっと一周してロビンソンに回帰したといったほうがより正確かもしれない。プロフェッショナル・レスリングの源流を学びたかった宮戸は、なにがなんでもロビンソンに日本に来てもらい、ホンモノのキャッチ・アズ・キャッチ・キャンを伝授してもらおうと考えた。

60歳（当時）になったロビンソンは、大きなスーツケースをふたつだけ引っぱってほんとうに日本に引っ越してきた。東京の〝スネークピット（蛇の穴）〟のロケーションは杉並区高円寺北2丁目。JR高円寺駅から徒歩5分、環状7号線沿いの雑居ビルの2階に床面積約70坪の新しい道場がつくられた。ロビーには休けいや打ち合わせに使える丸テーブルとイスが2セット置かれたラウンジがあって、その向こうがウエートトレーニング・ルームで、そのまた向こうが道場スペース。50畳くらいの広さのケイコ場いっぱいにスパーリング用のブルーのレスリング・マットを敷きつめ、いちばん奥の壁ぎわにちいさめのリングも設置した。

「道場の家賃と先生のお給料をどうやって支払っていくか」を現実的なテーマととらえた宮戸は、ロビンソンになんとかずっと日本に住んでもらえる方法、長期的にジムを経営していくためのビジネスモデルを模索した。基本的には会員制のスポーツクラブではあるけれど、都会のフィットネス・スタジオではなくて、どちらかといえば昭和40年代から50年代にかけてあちこちでよく見かけた駅まえのボクシング・ジムに近いイメージ。入会金は一律2万円で、月会費は一般が1万2000円、女性と学生が1万円、5歳から小学6年生までが6000円。子どもや学生、一般人を対象にアマチュア・レスリング教室ではなく、プロレスラー養成スクールでもないサムシング。それはいままでだれもトライしたことのない、宮戸自身が考えるところの〝ほんとうのプロフェッショナル・レスリング〟の求道の場だった。

ロビンソンは毎日、夕方になると鼻歌を歌いながら道場にやって来た。トシをとってもふだん着はやっぱりトレーニング・ウェアの上下で、ジャージの上に着ているアクリル地のウインドブレーカーを脱ぐと、そのままケイコができるようになっていた。鼻歌のメロディーはだいたいいつも60年代のポピュラーソングだった。

道場には子どもから大人までさまざまな年齢層の練習生たちが集まってきた。プロレスラー志望の若者もいれば、ロビンソンにレスリングを習いたくて、ただひたすら練習に打ち込むコアなグループの弟子たちもいた。仕事や学校の帰りに運動をしにくる人たちもたくさんいたし、毎月の月謝だけはちゃんと納めているけれどあまり道場に顔を出さない〝幽霊会員〟もいた。みんなプロレスが大好きで、プロレスの空気を共有しつつそれぞれがそれぞれのペースでいい汗をかくことができる心地よい空間。ロビンソンは、やっぱりこの道場で才能のある若者を発掘したいと考えていた。

〝クラス〟がはじまるのは夜7時からで、〝組み技クラス〟のインストラクターはロビンソンと宮戸、〝打撃クラス〟はキックボクシングの元世界チャンピオンの大江慎《まこと》が担当。どちらも〝初級コース〟はストレッチ、ヒンズー・スクワット、ジャンピング・ジャック、プロレス式プッシュアップ、踏み台昇降などを順序よくまとめたコンディショニング・エクササイズで、ひとコマ1時間。もちろん、クラス以外の時間でも道場は開いているし、ロビーの壁に貼りだされたクラス・スケジュール表の欄外には「指導員に気軽に声をかけてください」と記されていた。

ロビンソンはレスリングを教えるためにそこにいるのだから、レスリングしか教えない。アマレスでもプロレスでもないキャッチ・アズ・キャッチ・キャン。相手がこうきたらこっちはこう、相手がこうくればこっちはこう、という難解なセオリーだらけのチェスのような取っ組み合い。リング上で向かい合った選手と選手が視線と視線を交差させながら闘うのがプロレスだとしたら、腕と腕、手首と手首を引っぱり合ったり、タックルを狙う相手の脚をおたがいににらみ合いながら闘うのがキャッチ・アズ・キャッチ・キャン。両ヒザの状態がよくないロビンソンは立ったり座ったりしながらの指導があまりできないから、グラウンド・レスリングの練習になると宮戸がすぐよこでサポートについた。

「ボーン・アンド・ボーン bone and bone（骨と骨）。スクイズ・タイト squeeze tight（きつく絞めろ）。ネバー・ルース never loose（隙間をつくるな）」

左からのサイド・ヘッドロックは、自分の左手の親指の付け根の骨と相手の顔の左の頬骨をタイトに密着させてグイッと絞める。ロビンソンは、親指の付け根のところの太い骨を指さして「ここでしっかりフックするんだ」といって鼻の穴をふくらませた。骨と骨。スクイズ・タイト。きっちり固定したヘッドロックはそうかんたんには外れない。「痛くしないから」と安心させておいて、実験台になった練習生が飛び上がるくらい痛く絞めつけるところがオールドファッションなプロレスラーなのだろう。カール・ゴッチもそうだった。

「レスリングとは、学び方を学ぶことである。Learn how to learn. That's wrestling.」
「くり返し、くり返し、学ぶことだ。学び終えることはない。Do it again, do it again. You will never stop learning.」
「レスリングとは肉体のチェス・ゲームである。Wrestling is a physical chess.」

日本語で〝先生〟と呼ばれるようになったロビンソンは、約10年間、高円寺の1LDKの賃貸マンションでひとり暮らしをしながら、道場師範としての生活を送り、2009年にいったんアメリカに帰ったあとも、2年にいちどくらいのペースで日本に戻ってきて高円寺の〝蛇の穴〟で集中セミナーを開講した。ロビンソンはこの道場からプロレスラーをデビューさせたかったようだが、宮戸は「それは本人たちの問題」と考えた。

キャッチ・アズ・キャッチ・キャンは〝教則本〟が存在しないイングランドのフォーク・レスリングである。ロビンソンは道場生たちのケイコをながめながら「毎日、新しい発見がある」といってほほ笑んでいた。イギリス・ウィガンの〝スネークピット〟秘伝のランカシャー式レスリングは、ロビンソンを〝生きた教科書〟として武道の国ニッポンに伝わったのである。

「ノット・トゥナイト！」

「ロビンソン先生、亡くなられたらしいです」

電話の向こう側でそうつぶやいた宮戸の声はまだ半信半疑といったトーンだった。朝の7時まえから電話が鳴りだすときはたいていの場合、あまりいい知らせではない。

「アメリカのほうではきのうの夜中からそういう情報が流れているらしいんですけど、確かめる方法ってありますかね。ジェーク・シャノンらしいんです……」

ジェーク・シャノンはロビンソンとの共著でロビンソンの自伝『フィジカル・チェス　マイ・ライフ・イン・キャッチ・アズ・キャッチ・キャン・レスリング』を執筆した人物で、ウェブ・マガジン〝サイエンティフィック・レスリング〟の編集発行人。近年はアメリカやヨーロッパでロビンソンを講師に招いての〝合宿スタイル〟のレスリング・セミナーをプロデュースしていた。

シャノンが〝サイエンティフィック・レスリング〟のウェブサイトにアップした〝悲しいお知らせ〟にはこう記されていた。

「数日間、ロビンソンと連絡がとれないため、ロビンソンが住んでいるアパートメント・コンプレックスの管理者にコンタクトを図り、部屋を訪ねてもらった。数時間後、こちらからもういちど電話を入れると、電話口に出た警察官からロビンソンの死去を知らされた」

シャノンが在住するユタ州ソルトレークシティーはマウンテン時間帯で、ロビンソンが住んでいたアーカンソー州リトルロックはセントラル時間帯。シャノンがソルトレークシティーの自宅のパソコンからロビンソンの訃報をネット上にアップしたのは3月3日（現地時間）の午後で、日本時間は翌4日の未明にさしかかっていた。

死亡日時については当初、3日と発表されていたが、その後、3月5日付でフェイスブックに開設された〝ビル・ロビンソン・メモリアル・ページ〟が、ロビンソンの長男スペンサー・ロビンソンさんのコメントをもとに「2月27日」に訂正した。死亡が確認された時点ですでに数日が経過していた。2014（平成26）年2月27日、死去。75歳だった。

日本の関係者、ファンがロビンソン死去の情報をSNS上で拡散しはじめたのは3月4日午前で、一般紙がニュースとして訃報を報じたのは翌5日付の朝刊。『朝日新聞』は「新日本プロレスが4日、発表」、『日本経済新聞』は「東京都内の格闘技道場が明らかにした」とその情報源を載せていた。

宮戸はこの数週間まえからロビンソンとひんぱんに連絡をとり、3月下旬に計画していたいくつかのイベントの打ち合わせをつづけていた。できあがりつつあった旅程では、ロビンソンは3月24日にリトルロックを出発して翌25日に来日。東京に1週間滞在して同月31日に帰国の予定だった。26日には高円寺の道場で記者会見を開き、CACC（キャッチ・アズ・キャッチ・キャン）協会の設立とロビンソンの最高顧問就任を発表。その夜は都内のホテルで道場の創立15周年記念パーティー。27日と28日はジム会員、プロ選手を対象に集中セミナーとマスコミの取材日。30日にはロビンソンと藤原喜明の対談形式のトーク・ショーを開催することになっていた。

「ぼくの英語ですからはなしがなかなか伝わらなくて、1日に何度も電話をかけてしまうことがあって」と話す宮戸は、どうやら「先生に迷惑ばかりかけた」ということをいおうとしているようだった。

日本時間の午後から夕方にかけてリトルロックに電話をすると、向こうは夜中だ。ロビンソンは笑いながらこう答えたという。

「ノット・トゥナイト Not tonight!」

直訳すれば「今夜はダメ！」だけれど、それはきっと「今夜はもうやめておこう」「またあした電話をくれ」「またこんどにしよう」あるいは「キミからの連絡を待っている」という意味だった。

ネット上に〝悲しいお知らせ〟が流れる前日、宮戸は刷り上がってきたばかりのパーティーの招待状を白い封筒に収め、切手を貼って宛名書きをする作業をはじめていた。ところが、もろもろの事情からパーティーの日時を26日から27日に変更せざるをえなくなった。招待状には〝主賓〟としてロビンソンの名が印刷されていた。

それは単なる偶然かもしれないし、〝虫の知らせ〟というやつだったのかもしれない。

「いまになってみれば、あれは先生からのメッセージだったような気がするんです。『その招待状は出せませんよ』という」

ロビンソンは〝ノット・トゥナイト！〟というグリーティングのことばだけを遺し、あえて〝グッバイ〟はいわずに天国へ旅立ってしまったのだった。

高円寺にはロビンソンにまつわる〝都市伝説〟のようなものがある。それはロビンソンが高円寺の街からいなくなって何年たってもずっとつづいている。

ロビンソンがスポーツバッグを下げてJR高円寺駅まえをてくてく歩いていた。牛乳瓶の底みたいな厚いメガネをかけたロビンソンが北口のすぐそばのドーナツ屋さんでコーヒーを飲みながら新聞を読んでいた。ロビンソンが純情商店街の裏のほうの細い路地にある〝赤ちょうちん〟でひとりでお酒を飲んでいた。エトセトラ、エトセトラ。それらは単なる目撃談ではなくて、どのストーリーも「ついこのあいだ……たしか」というフレーズではじまる。

道ばたで知らない人から「あ、ビル・ロビンソンだ！」と声をかけられると、〝人間風車〟はにっこり笑って声のするほうにふり返り、機嫌よく手を振っていた。いつも、いつも、ずっといつまでも――。

第5章　〝爆弾小僧〟ダイナマイト・キッド

スーパースターの地位を築いたタイガーマスク戦

リングネームの〝爆弾小僧〟のとおり、爆発的に、太く短く生きたレスラーだった。イングランドのオールドファッションな〝プロレス小屋〟からカナダ・カルガリーに渡り、日本のリングでスーパースターになり、世界最大のプロレス企業WWEでほんの一瞬だけ輝き、また日本に帰ってきてパッと燃え尽きた。そのダイナマイトのようなファイトスタイルはのちに世に出る数多くのスーパースターたちに影響を与えたが、キッド自身が歩んだ道はどこか破滅的でもあった。

1958（昭和33）年12月5日、イングランド・ランカシャーのウィガン生まれ。本名トム・ビリントン。祖父ジョー・ビリントン、父ビル・ビリントンはともにボクサー上がりの炭鉱労働者で典型的なブルーカラー。キッドは幼いころに父親からボクシングを習い、地域のスポーツ施設ではレスリングと器械体操のクラブに所属していた。父親の知人だったプロレスラーのテッド・ベトレーのコーチを受け、レスリングの基礎を学んだ。デビュー年については〝1973年〟と〝1975年〟のふたつの説があるが、15歳のときに道場で撮影したとされるタイツとリングシューズ姿のモノクロのポーズ写真が残っているから、その時点ではすでにプロレスラーの卵だったのだろう。

イングランドのレスリング・ビジネスの王様は、ビッグ・ダディ（本名シャーリー・クラブトゥリー）という、日本でいうとちょうどジャイアント馬場のような存在のコミカルなイメージの超巨漢レスラー。キッドはこのビッグ・ダディからダイナマイト・キッドというリングネームをもらった。〝大きなお父さん〟と〝爆弾小僧〟。これが70年代のイングランドのプロレスのテイストだった。

5フィート8インチ（約173センチ）、165ポンド（約75キロ）という一般人サイズの体格で〝爆弾〟のようなプロレスを観せていたキッドを〝発見〟したのは、カナダ・カルガリーからイングランドに遠征してきたブルース・ハートだった。

ここでカルガリーのハート・ファミリーについてかんたんにふれておく必要がある。

〝カルガリーの父〟スチュー・ハート（1915年生まれ）は、レスリングでカナダ・ナショナル選手権に優勝してオリンピック出場をめざしたが、第二次世界大戦でオリンピックが2大会連続で中止となったため断念。戦後の46年に31歳でプロレスラーとしてデビューした。51年にアルバータ州カルガリーに興行会社フットヒル・スポーツ・クラブを設立。西カナダの雪国に〝プロレス一座〟をつくり、それから半世紀にわたり新人を発掘、育成したプロモーターだった。男8人、女4人の12人兄弟の父親で、8人の息子たちはプロレスラーになり、4人の娘たちはそれぞれプロレスラーと結婚した。

イングランドでキッドと出逢ったブルースはハート家の次男で、WWEスーパースターとして一世を風びした〝ヒットマン〟ブレット・ハート（六男）、オーエン・ハート（八男）の兄。カルガリーに帰ったブルースは「すごいレスラーがいる。ウチに呼ぼう」と父スチューを説得した。78年の夏のことだから、キッドはまだ19歳だった。

カルガリーにやって来たキッドの体つきを見て、スチューは「これがプロレスラーなのか?」と驚き、落胆したという。スチューにとって、プロレスラーとは雲をつくような大男で、自動車とぶつかっても自動車のほうがはね返されるような人間ばなれした肉体の持ち主でなければならなかった。ハート・ファミリーの家業〝スタンピード・レスリング〟を観にくるお客さんはカウボーイ、炭鉱労働者、トラック運転手、木材製造業など肉体が資本のブルーカラー層がほとんどだったから、〝一座〟には体が頑丈でケンカの強いタフガイを集めておく必要があった。

この時代の〝スタンピード・レスリング〟のメインイベンターは、〝アナコンダ男〟マーク・ルーイン、〝流血大王〟キング・カーティス・イアウケア、〝踏みつぶし屋〟アーチー・ゴーディー（モンゴリアン・ストンパー）といった中年の大型ヒールばかりだった。

キッドの動きは、それまでにスチューが目にしてきたどんなスタイルのプロレスともちがっていた。スナップ・スープレックス（高速ブレーンバスター）。トップロープからの正面跳びミサイルキック。ダイビング・ヘッドバット。体ごとぶつかっていくエルボー。ボールが弾むようなバンプ（受け身）……。技のレパートリーはどれをとってもオリジナリティーにあふれていた。63歳（当時）のスチューは「こういうものは生まれて初めてだ」とキッドのプロレスの斬新さを認めた。

ブルース、三男キース、そしてルーキーだったブレットは、キッドが試合をするのにちょうどいいミッドヘビー級（ジュニアヘビー級）の体格だった。キッドが〝一座〟に加わったことで〝スタンピード・レスリング〟のスタイルそのものが変わり、ヘビー級とミッドヘビー級の2階級ウエート制がカルガリーの売りものになった。英連邦ミッドヘビー級王座をめぐるキッド対ブレットの闘いがカルガリーの名物カードとして定着すると、それから2年後、キッドのいとこのデイビーボーイ・スミスもマンチェスターからカルガリーにやって来た。カルガリー・パビリオン定期戦のリングサイド3列めのまんなかあたりの席には、まだ中学生だったクリス・ベンワーがいつも座っていた。

初来日は79（昭和54）年7月。国際プロレスのリングで、WWU世界ジュニアヘビー級王座を保持していた阿修羅《あしゅら》・原とみずからが保持する英連邦ミッドヘビー級王座をかけてダブル・タイトルマッチで2回対戦、4分7ラウンド制のヨーロッパ・ルールでおこなわれた2試合はいずれも時間切れのドローに終わった。20歳のキッドはまだどことなくあどけなく、ナチュラル・ウェーブのかかったロングヘアだった。

ヘビー級とミッドヘビー級の2階級ウエート制は、カルガリーだけのトレンドではなかった。海外武者修行でメキシコ、アメリカを長期ツアーしていた新日本プロレスの藤波辰巳（現・辰爾）が78年1月、ニューヨークのマディソン・スクウェア・ガーデン定期戦でホセ・エストラーダを新技ドラゴン・スープレックス・ホールドで下しWWEジュニアヘビー級王座を獲得した。

カルガリーと新日本プロレス、キッドと藤波の遭遇は時間の問題だった。78年8月、両者はカルガリーでそれぞれが保持するミッドヘビー級とジュニアヘビー級のチャンピオンベルトをかけてダブル・タイトルマッチで対戦し、ダブル・カウントアウト裁定で引き分けた。この試合をリングサイドから観戦していたスチューは「わたしがこれまで観てきたあらゆる試合のなかでベストマッチ」と最大限の賛辞を送った。

この試合から4カ月後、キッドとの契約をめぐり新日本プロレスと国際プロレスのあいだでトラブルが生じた。79年7月のシリーズ興行にキッドを招へいした国際プロレスは、80年1月の『新春パイオニア・シリーズ』へのキッドの再来日を発表。いっぽう、新日本プロレスも同年1月の『新春黄金シリーズ』の参加外国人選手としてキッドの全戦出場を発表。両団体とも契約の正当性を主張して譲らなかったが、結果的にキッドは新日本プロレスを選択した。

この時点ではまだそれほど〝大物〟というわけではなかった外国人選手の獲得をめぐり新日本プロレスと国際プロレスの2団体が表立った争奪戦を演じたのは異例のできごとだった。新日本プロレスのリングに登場したキッドは、ブロンドの長髪をばっさりと切り落とし、精悍《せいかん》な坊主頭にイメージチェンジしていた。

キッドが日本でスーパースターとしてのステータスを築いたのは、〝金曜夜8時ゴールデンタイム〟のテレビの画面のなかで初代タイガーマスク（佐山聡）とロングランの闘いを演じた81年から83年までの約3年間だった。タイガーマスクとキッドは身長、体重、身体能力、キャリア、年齢とも〝鏡像体〟のような関係で、タイガーマスクのライバルがキッドでなかったとしたら名作アニメーションの〝実写版〟は成功しなかっただろうし、あれほどまでの社会現象になることはなかったかもしれない。

タイガーマスクと長州力の〝維新軍〟が巻き起こした80年代前半の新日本プロレス・ブームのなかで、キッドはアンドレ・ザ・ジャイアント、スタン・ハンセン、ハルク・ホーガンらとともにお茶の間の人気者となった。家庭用ビデオデッキが普及しはじめたのもこの時代で、一般視聴者がテレビ朝日の『ワールドプロレスリング』を録画したVHS（とベータ）のビデオテープが郵便で海を渡り、アメリカのマニア層のあいだでひっそりと流通した。インターネットが実用化されるまえの〝動画〟はアナログのビデオテープだけだった。

キッドとカルガリーのレスリング・シーンをとりまく環境が一変したのは84年のことだった。WWEオーナーのビンス・マクマホンが〝スタンピード・レスリング〟を買収した。スチュー・ハートは、老プロモーターとしての知恵からカルガリーのローカル団体がニューヨークのWWEとまともに勝負ができるとは考えなかった。WWEは全米とカナダ全域へ興行テリトリーを拡大中で、スチューが団体の売却に同意しなかったとしても、WWEはいずれカルガリーを〝侵略〟していた。スチューは〝店じまい〟の交換条件にブレット・ハート、キッド、デイビーボーイ・スミス、ジム・ナイドハートのカルガリー所属4選手のWWEとの新契約の約束をとりつけた。

キッド&スミスの〝いとこコンビ〟は新タッグチーム、ブリティッシュ・ブルドッグスとしてWWEの全米ツアーに合流。これと並行して日本のプロレス界の勢力分布図を揺さぶる政治的事件の当事者になった。新日本プロレスは84年11月、キッド&スミスの『第5回MSGタッグ・リーグ戦』への参加を発表していたが、成田空港に到着したふたりは緊急記者会見を開き、全日本プロレスへの電撃移籍を発表。そのまま『84世界最強タッグ決定リーグ戦』に出場した。

84年は新日本プロレスが〝大量離脱事件〟で団体存続の危機に陥った年で、4月には前田日明をエースに第一次UWFが誕生し、9月には長州力グループがジャパン・プロレスを設立して全日本プロレスとの業務提携を発表。キッド&スミスの新日本プロレスとの契約破棄—脱退もジャパン・プロレスによる〝仕掛け〟のひとつだった。ブリティッシュ・ブルドッグスはWWEと全日本プロレスの日米2大メジャー団体のツアー・スケジュールを同時進行で消化する特別な存在になったが、キッド自身がローラーコースターのような運命にほんろうされるようになったのもこのころだった。

あまりに早すぎる33歳での引退

カルガリーと日本を往復しながらタイガーマスクと闘っていた時代は190ポンド(約86キロ)くらいだったキッドの体重は、それから半年くらいのあいだに228ポンド(約103キロ)に増量。ジュニアヘビー級だったはずの相棒スミスの体重も260ポンド(約118キロ)に肥大していた。ふたりがアナボリック・ステロイド(タンパク同化剤=筋肉増強のための薬物)を使用していたことはだれの目にも明らかだった。ホーガンを主役とする〝1984体制〟のWWEは、まるでアメコミのスーパーヒーローのようなマッスル・ボディーでなければ生きていけない空間だった。

1958（昭和33）年生まれのキッドは、年齢的にはケビン・ナッシュ、スコット・ホール、スティング、レックス・ルーガーら90年代のスーパースターたちと同い年だが、現役選手としてのピークは20代のまんなかにあたる80年代前半だったから、アスリートとしてはかなり〝早熟〟だった。

ブリティッシュ・ブルドッグスは〝レッスルマニア2〟の大舞台でブルータス・ビーフケーキ＆グレッグ・バレンタインを下してWWE世界タッグ級王座を獲得し（86年4月7日、イリノイ州ローズモント）、この王座を9カ月間にわたってキープした。しかし、WWE在籍時代の実績らしい実績はこの世界タッグ王座だけで、カルガリーと日本ではスーパースターだったキッドもWWEでは契約ロースター150選手のなかのワン・オブ・ゼムでしかなかった。

10代から危険なバンプをとりつづけてきたキッドの首、腰、背骨はこの時点ですでに悲鳴をあげていた。年間250試合という殺人的スケジュールを約4年間にわたってつづけてきたキッドとスミスは、88年11月にWWEを退団してカルガリーへ帰った。

カルガリーではブルース・ハートが規模を縮小したバージョンの〝スタンピード・レスリング〟を復興していたが、スミスはWWEとの再契約と全米ツアー活動継続を希望し、キッドは再び全日本プロレスに活動の場を求めた。スミスの〝弟〟というふれ込みのジョニー・スミスを新パートナーに起用して日本の観客のまえに帰ってきたキッドは、すでにかつてのキッドではなくなっていた。

首の故障をダマしながらリングに上がっていたキッドは、33歳の若さであまりにも早すぎる引退を決意した。キッド自身がジャイアント馬場に引退の意向を申しでたのは『91世界最強タッグ決定リーグ戦』シリーズ最終戦・日本武道館大会のわずか3日まえだった。

報道陣からコメントを求められた馬場は「こんど首のケガをしたら危険ということだったので仕方なかった。こんなに急（なはなし）じゃなかったら引退興行くらいはやってやりたかった」とコメントした。プロレス・マスコミにとっても寝耳に水のできごとだったから、プロレスファンはもっと驚いた。

「次の試合に登場するダイナマイト・キッド選手は、本日この試合をもって現役生活を引退することになりました。これが最後のファイトとなります。より一層のご声援をお願いいたします」

第2試合終了後、リング・アナウンサーから突然の発表があった。1万6000人の大観衆から「エーッ?」と大きなどよめきが起きた。第3試合のカードは公式リーグ戦30分1本勝負、ダイナマイト・キッド&ジョニー・スミス対ジョニー・エース&サニー・ビーチのタッグマッチ。いわゆる引退試合ではなく、あくまでもタッグ・リーグ戦のなかのひとコマであったこと、いきなり「これが最後のファイトとなります」とアナウンスしたことがキッドのコンディションの深刻さ――もうプロレスをできない体だということ――を物語っていた。このぶっきらぼうで素っ気ない感じがいかにもキッドらしかった。

1991(平成3)年の『91世界最強タッグ』は全13チームが出場、外国人レスラー全17選手が来日した超豪華版だった。スタン・ハンセン、テリー・ゴーディ、スティーブ・ウィリアムス、ダニー・スパイビー、ジョニー・エース、ダグ・ファーナス&ダニー・クロファットのカンナム・エキスプレスらのレギュラーメンバーがいて、ドリー・ファンク・ジュニアやアブドーラ・ザ・ブッチャーといった昭和のスーパースターもいて、馬場との〝巨人コンビ〟でリーグ戦にエントリーしたアンドレ・ザ・ジャイアントもいた。

公式リーグ戦30分1本勝負のタッグマッチで、キッドは3回だけリングのなかに立った。高速ブレーンバスター、ラリアット、ストンピング、頭突き。トップロープからの雪崩《なだれ》式ブレーンバスターにもトライした。最後はやっぱりトレードマーク・ムーブであるコーナーからリング中央まで大きく旋回してのダイビング・ヘッドバット。5分51秒、キッドが片エビ固めでサニー・ビーチをフォールした。レフェリーの右手がキャンバスを3回叩くと、ほんの一瞬だけキッドが涙をこらえるような表情をした。キッド&スミス組は〝勝ち点6〟13チーム中6位という成績でリーグ戦を終えた。

試合終了後、リング上で馬場から金一封、ジャンボ鶴田と三沢光晴からは記念品がそれぞれキッドに手渡された。セレモニーらしいセレモニーはそれだけだった。数日まえに馬場と引退についての話し合いの場を持ったさい、キッドは馬場に「ファンには引退を知らせないこと」を希望したが、馬場は「そういうわけにもいかないから、当日、会場で発表する」と返答した。10カウントのゴングの代わりに鶴田、三沢、田上《たうえ》明、小橋健太（現・建太）ら日本人選手がリングのまんなかに集まってキッドを胴上げした。それほど大きくないキッドの体が3回、ふわりと宙に舞った。アリーナ席後方のオレンジ色の電光掲示板に〝ありがとう〟という文字が映しだされた。

バックステージに戻ると、こんどは外国人選手グループが大きな笑顔と大きな拍手でキッドを出迎えた。いちばん先にキッドと握手を交わしたのはハンセンで、それからゴーディ、ウィリアムス、ファーナス、クロファットらがつづいた。やや世代的に上のブッチャーもこの列に加わった。そこにいる仲間たちのなかではキッドがいちばん背が低かったが、キッドは誇らしげに胸をはって一人ひとりと握手を交わした。ふだんあまり笑顔をみせないキッドが、このときは控えめの笑みを浮かべていた。

「椎間板がつぶれている。首にボルトが入っている。脊髄も負傷している。いままでだましだまし試合をやってきたが、こんど首に大きな衝撃を受けたら命にかかわると医師から診断された。これからのことは決めていないが、レスリングにかかわる仕事はしない。日本のファンのみなさん、いままで応援してくれてありがとう。もうリングに上がることはありません。ダイナマイト・キッドはこれで終わりました」

NHK BSで放送された車いす姿

いつも遠くをながめるようなクールな目をしていたキッドは、ほんとうにプロレスの世界から姿を消してしまった。1991(平成3)年にミシェル夫人――ブレット・ハートの最初の妻ジューリーさんの妹――とは離婚した。ミシェル夫人とのあいだには3人の子どもがいた。キッド自身はその後、カルガリーから故郷イングランド・ウィガンに帰ったとされるが、その時期についてもいまひとつはっきりしない。

全日本プロレスでの引退試合から5年後の96年10月、いちどだけリングに復帰し、みちのくプロレスの両国国技館大会にゲスト出場してドス・カラス、小林邦昭《くにあき》とトリオを組み初代タイガーマスク&ミル・マスカラス&ザ・グレート・サスケと6人タッグマッチで対戦したことがあった。顔がげっそりとやせ、上半身の筋肉がそげ落ち、大腿部《だいたいぶ》もふくらはぎもすっかり細くなったキッドは、かつてのダイナマイト・キッドのミイラのようだった。この試合が記録に残るキッドのラストマッチということになる。

それからの20年間はほとんど隠遁《いんとん》生活で、イングランドのレスラー、プロモーター、関係者ともコンタクトを絶ち、引退したレスラーたちによるリユニオン（同窓会）のような集まりにもいっさい現れなかった。40歳の誕生日を待たずに車いすの生活になっていた、脳卒中で倒れた、脳こうそくで左半身がマヒしている、糖尿病の合併症で足の甲の一部を切断した、エトセトラ、エトセトラ。さまざまなウワサが流れたが、いずれもコンファメーション（確証）のとれない情報の数かずだった。生きているのか、死んでいるのかさえわからないというミステリアスな状況は『ライ麦畑でつかまえて（The Catcher in The Rye）』を遺した大作家J・D・サリンジャーのようだった。

2016年10月、NHK BSチャンネルが番組企画でキッドを〝発見〟し、キッドが入所していたマンチェスターの介護施設に取材カメラを入れた。キッドはやっぱり車いすに座っていた。キッドのすぐそばにはふたりめの妻であるドット夫人が寄り添っていた。ネット回線を通じてのビデオチャットという形でタブレットの画面上で初代タイガーマスクと再会を果たしたキッドは、佐山の「トミー、元気ですか？」というグリーティングのことばににっこり笑った。キッドがこんなにやさしい顔で笑みを浮かべたのはこれが最初で最後だった。

18年12月5日、死去。その日はキッドの60歳の誕生日だった。

第6章　〝人間魚雷〟テリー・ゴーディ

〝自由な鳥たち〟からの独り立ち

テリー・ゴーディは駆け足のようなスピードでふたとおりのプロレス人生を歩んだ。ひとつは伝説のタッグチーム、ファビュラス・フリーバーズの片割れとして、もうひとつは全日本プロレスのトップ外国人選手として——。

1961（昭和36）年4月27日、テネシー州チャタヌガ生まれ。年齢をごまかして14歳でプロレスラーになった。〝鉄人〟ルー・テーズからほんのちょっとだけレスリングを教わったことがあったが、ほとんどトレーニングらしいトレーニングは受けずにリングに上がりはじめた。中学3年生のときにはすでに身長6フィート3インチ（約191センチ）、体重260ポンド（約118キロ）の〝怪童〟だった。日本的な感覚でいえば、体がけた外れに大きな少年が相撲部屋に弟子入りするのとちょうど同じようなプロセスととらえるとわかりやすいかもしれない。

テリー・メッカというリングネームでテネシーとジョージアの州境のジョージア州ロスビルのローカル・テレビ局WRIPのスタジオでいきなりTVマッチでデビュー戦をおこ

ない、そのままテネシー、ケンタッキー、ミシシッピのインディー団体を放浪するようになった。ハイスクールはやめてしまった。

まだ15歳だったゴーディと17歳のマイケル・ヘイズが出逢ったのはテネシー州メンフィスで、ふたりは旅のパートナーとなり、それから1年後の77年にタッグチームを結成した。ヘイズも14歳のときにハイスクールをドロップアウトし、フロリダ州ペンサコーラのローカル団体でリング屋のアルバイトをはじめ、16歳でプロレスラーになった。ファビュラス・フリーバーズというゴージャスなチーム名——伝説のロックバンド、レナード・スキナード Lynyrd Skynyrd の名曲〝フリーバード Free Bird〟から拝借した——を思いついたのはヘイズだった。

ヘイズがナッシュビルのプロモーターのニック・グーラスに「入場のときにスキナードの〝フリーバード〟をかけていいか」「アリーナのなかを真っ暗にして、楽屋から出てくるオレたちにピンスポット照明をあててるってのどうだ」というアイディアをぶつけた。グーラスの返事は「お前ら、ドラッグで頭がイカれたか?」だった。

ヘイズはこの企画をテネシーのもうひとりのプロモーター、メンフィスのジェリー・ジャレットのところに持っていった。ジャレットは共同プロデューサーのジェリー・ローラーと相談して「おもしろそうだからやってみろ」と答えた。サザン・ロックの音とプロレスのライヴの雰囲気は驚くくらいマッチした。音は大きければ大きいほどよかった。

40年代後半のゴージャス・ジョージ――第二次世界大戦後のテレビによるプロレス・ブームの立て役者――の時代から音楽をかけてリングに入場してくるプロレスラーはいたけれど、フリーバーズが〝フリーバード〟で入場してくるようになったら、南部のほとんどのレスラーたちがBGMを使うようになった。ひとつのトレンドが誕生した。

〝自由な鳥たち〟フリーバーズは、メンフィスからルイジアナ―オクラホマ―ミシシッピ―アーカンソーのミッドサウス・エリアへ流れていった。ゴーディとヘイズにとってフリーバーズはただのタッグチームではなくて、ロード・ムービーのようなライフスタイルだった。車のなかではいつもサザン・ロックがガンガンにかかっていて、ジャックダニエルのボトルをラッパ飲みしながらフリーウェイをどこまでも走った。缶ビールは水代わりで、タバコはマールボロの赤箱。トイレに行きたくなると、どこででも用を足した。

ルイジアナのプロモーターの〝カウボーイ〟ビル・ワットは、ふたりがいつかとんでもないことをしでかすのではないかと心配してベテランのバディ・ロバーツをフリーバーズの3人めのメンバーに加えた。ゴーディとヘイズははじめのうちはロバーツを仲間とは認めなかったが、ロバーツは「オレもお前たちの車に乗る」と主張した。

ゴーディとヘイズは、新顔のロバーツにチャンスを与えた。それはミシシッピ州ジャクソンからルイジアナ州シュリーブポートまでの220マイルの道のりを〝ビール攻撃〟と〝小便攻撃〟のなかで過ごすという通過儀礼だった。さえない中年レスラー、ロバーツは後部座席でびしょびしょになりながらこの苦行に耐えた。

3人組になったフリーバーズはミッドサウス地区からアラバマ、NWAジョージア(ジョージア州アトランタ)の各テリトリーを渡り歩いたあと、テキサス州ダラスのWCCW(ワールドクラス・チャンピオンシップ・レスリング＝フリッツ・フォン・エリック代表)にたどり着いた。マネーの匂いをかぎつけてダラスへの移動を計画したのは、やっぱりヘイズだった。

フリーバーズ対ケビン、デビッド、ケリー、マイクの〝鉄の爪〟エリック4兄弟の因縁ドラマが毎週金曜夜のダラス・スポータトリアム定期戦(収容人員4500人)を18カ月連続でソールドアウトにした。フリーバーズの出現は、ダラスのローカル団体だったWCCWをアメリカでいちばん新しい人気マーケットに変えた。日本遠征中に急死したデビッド・フォン・エリックの追悼イベントとしてプロデュースされた〝パレード・オブ・チャンピオンズ〟は、テキサス・スタジアムに3万2123人の大観衆を動員した（84年5月6日）。

いっぽう、ゴーディはフリーバーズとしての活動と並行して、この前年の83年8月、スタン・ハンセンのタッグ・パートナーとして初来日し、蔵前国技館でテリー・ファンクの引退試合の対戦相手をつとめた。

ゴーディのレスリング・センスを気に入ったジャイアント馬場はこの22歳の〝怪童〟をレギュラー外国人選手枠に抜てきし、ゴーディ自身も年俸額の高い全日本プロレスとの年間契約を希望。これが〝第1期〟フリーバーズの実質的なチーム解散につながった。

ゴーディは、シリーズ興行のたびに自宅のあるテネシーと日本を往復しながら、1年のうちの20週間から25週間を日本で過ごすようになった。親友ヘイズとのロード・ムービーのような生活はひとまず終わったが、ゴーディが全日本プロレスをホームリングにするようになってからも、プライベートでのふたりの付き合いはずっとつづいた。

ヘイズは日本を「生きたままの魚を食う国」と嫌ったが、ゴーディは「いい人たちばかりだ」とこれに反論した。ヘイズはその後、ジミー・ガービンを新パートナーに起用して〝第2期〟フリーバーズを結成し、メジャー団体WCW（ワールド・チャンピオンシップ・レスリング＝ジョージア州アトランタ）のリングで活躍した。

ディープサウスの自宅にて

1990（平成2）年のシーズンズ・グリーティングスだった。

メンフィス発―チャタヌガ行きのノースウエスト2849便は、20人乗りの危なっかしいプロペラ機だった。テネシー州チャタヌガは、同州とジョージア州のボーダーラインに位置する人口16万人の小都市。ゴーディが住むサディーデイジー Soddy-Daisy は、チャタヌガから25マイルほど北上したところにある。

まるで長距離列車が停《と》まる駅の待合室を思わせる古い木造建てのバゲージクレームで、ゴーディは筆者を待っていてくれた。12月の終わりだというのにスウェット1枚の軽装だ。

ディープサウスの冬は長い雨のシーズンだ。雪が降ったりすることはめったにない。ゴーディの愛車はミルクチョコレート色の大きな4WDのシボレーだった。空港のすぐそばからフリーウェイに乗ってしばらく走ると、右手にうっすらと山並みが見えてきた。

「あれがルックアウト・マウンテンだ」とゴーディが説明してくれた。

南北戦争の時代、南部の兵士たちがテネシー州全体とテネシーと隣接する6つの州を偵察するために登った山なのだという。テネシーとジョージアの州境にあるチャタヌガは、そのまま西に25マイルほど行けばアラバマ州のステートラインとぶつかるし、東に向かって車を1時間も飛ばせばノースカロライナ州にもたどり着く。

テネシー州の北から東をとり囲んでいるケンタッキー、ジョージア、アラバマ、バージニア、南北カロライナの6州がほんとうにあのルックアウト・マウンテンから見渡せるのかどうかはわからない。でも、あの細長い山やまがチャタヌガに住む人びとの自慢——アメリカン・ヒストリーの名所——であることに変わりはない。

走っても走っても街の中心らしき景色が現れてこない。ゆったりとしたハイウェイ沿いにときおりファストフードのレストランがあったり、ショッピングモールがあったり、平屋建てのオフィス・ビルが見えてくるだけで、あとは道の両側には森がつづくばかりだ。セルフサービスのガス・ステーションに停まった。ガソリンを入れたついでに、ゴーディはビール——銘柄はミケロブ——を1ケース（24本入り）買ってきて、運転席に座ったと同時に茶色のボトルの栓を抜き、エンジンをかけながらそれをぐいぐい飲みはじめた。ガソリン代はちょうど50ドルだった。ずいぶんと燃料を食う車に乗っている。

気がつくと、だいぶ山のなかに入ってきてしまった。昼間だというのに霧が濃くて前方がよく見えないから、ハイビームのライトをつけて走るしかない。

「ヘイ、こりゃあ霧っていうよりもな、雲なんだぜ」といってゴーディは笑った。

〝ウェルカム・トゥ・サディーデイジー Welcome To Soddy-Daisy〟というグリーンの看板が立っていた広めの道からしばらく登り坂を上がっていくと、ゴーディが住むテラス・フォールズ通りにぶつかった。

ちゃんとストリートネームがついているといっても、標高3マイルを超す山奥のこの通りで暮らしているのはゴーディ一家とゴーディの姉とその家族だけだ。山の中腹にゴーディの家が建っていて、そのすぐお隣にお姉さんファミリーの家がある。ゴーディの甥《おい》でプロレスラー――全日本プロレスで新弟子生活を体験した――のリチャード・スリンガーもここに住んでいる。

ゴーディの家族は奥さんのカーニーさんと1歳3カ月になる長女モレンダちゃんの3人。ゴーディと前妻のあいだの子で11歳になる長男のレイくんも、学校が休みになるとお父さんのところに泊まりにくる。ゴーディとカーニーさんのふたりめの子はカーニーさんのおなかのなかにいる。

ファミリーがたくさんいると、こんな山のなかでもにぎやかだ。アンクル・テリーのことが大好きなリチャードは、朝から晩までゴーディの家のほうで時間をつぶしている。家族はみんな、叔父貴テリーのあとを追ってプロレスの道を選んだリチャードのことを誇りに思っているようだ。

家に帰ると、ゴーディはちょっとだけ親父《おやじ》くさい顔つきになる。赤ちゃん用のおもちゃでモレンダちゃんをひとしきりあやしたあとは、男の子用のおもちゃでレイくんと真剣に向き合う。そして、カーニーさんに対しては夫としての接し方をする。

――夜、みんなでテレビを観ながらのんびりしていると、いきなりマイケル・ヘイズとジミー・ガービンが現れた。約束もしていないのに、お酒の入った大きな紙袋を下げて、ろくにノックもしないで家のなかに入ってきた。

ヘイズはあいかわらずお行儀が悪い。冷蔵庫を勝手に開けて、おつまみになりそうな食べものと氷を取りだし、棚からグラスを出して自分で持ってきたジャックダニエルとペプシでコークハイをつくり、リビングルームのカウチにどっかと座ると、土足のままコーヒーテーブルに足を乗っけてそれを飲みはじめた。

ゴーディの顔がとたんに悪ガキのツラがまえになった。10代のころからの親友で、ファビュラス・フリーバーズの相棒だったヘイズが家に遊びにくると、ゴーディのなかで眠っていた不良少年の魂が目を醒《さ》ましてしまうのだろう。全日本プロレスでのタッグ・パートナーのスティーブ・ウィリアムスもたしかにベストフレンドだけれど、ウィリアムスはどちらかといえばゴーディのガキっぽさにブレーキをかける役目も果たしている。

ゴーディとヘイズの会話は、まるでいじめっ子の中学生のやりとりだ。もちろん、プロレスのことしかしゃべらない。ちょっとだけ年上のガービンは、フリーバーズといるときはもっぱらふたりのおしゃべりの聞き役のようだ。

ヘイズが品の悪い下ネタのジョークを連発し、レスラー仲間たちのたわいないウワサばなしをつづけ、3人は山じゅうに響きわたるような大声で笑い、ウィスキーをがぶ飲みした。ヘイズが来るとすぐにカーニーさんは2階のマスター・ベッドルームに上がってしまった。ゴーディがカードテーブルを出してきて「ポーカーをやるぞ」といいだしたので、付き合いきれなくなった筆者は、そおっとゲストルームに避難して寝ることにした。

ひとつだけ心配なことがあった。それはヘイズの〝小便攻撃〟だった。マイケル〝PS〟ヘイズの〝PS〟は〝追伸〟ではなく、じつは〝ピス（おしっこ）〟という意味で、飲み会でだれかが先にダウンすると、ヘイズが酔いつぶれた人間――筆者はその日はお酒は飲んでいなかったが――に上から立ちションをぶっかけるという〝儀式〟がある。

どうしたものかと思った筆者は、とりあえず部屋の明かりをつけたままよこになることにした。案の定、しばらくするとヘイズがノックもせずに部屋に入ってきた。もうダメだ、と思った筆者は目をつぶって熟睡しているふりをした。

「おい、タバコ3本くれ」

ヘイズはタバコを切らせてしまったらしかった。「1本くれ」ではなく「3本くれ」というところがヘンに正直で、いかにもヘイズらしかった。筆者は、昼間、町のガス・ステーションで買っておいた赤マールボロを箱ごとヘイズに渡した。

タバコの箱を受けとると、ヘイズは妙に感じよく「サンキュー・サー Thank you, Sir」とていねいにお礼をいって部屋から出ていった。

遠くのほうで「あのジャパニーズ・ガイ、用心深くて、なかなかスマートなやつだ。電気つけて寝てやんの。He had lights on.」とヘイズが大声で話すのが聞こえた。筆者はこんどこそ安心して眠ることにした。

親友たちとの楽しいひとときの翌朝、フッーに戻ったゴーディは、床に散らばったグラスや酒瓶、ペプシの空き缶、おつまみ類を食べたあとの皿などをていねいに拾い集め、大きな体をすぼめるようにしてキッチンで洗いものをしていた。

「空港まで送っていくから、しばらく待ってろや」

悪ガキとお父さんのちょうど中間のような顔をして、ゴーディが大きな瞳でにっこりとほほ笑んだ。

非常ベルを鳴らしていた肉体

ゴーディは、全日本プロレスのリングでジャンボ鶴田、スタン・ハンセンを下して三冠ヘビー級王座（インターナショナル・ヘビー級王座&PWFヘビー級王座&UNヘビー級王座）を2回獲得し、スティーブ・ウィリアムスとのコンビでは1990（平成2）年、91年、2年連続で『世界最強タッグ決定リーグ戦』に優勝。ハンセンとのコンビでは通算2回、ウィリアムスとのコンビでは通算5回、世界タッグ王者にもなった。日本でのニックネームは〝人間魚雷〟。〝殺人医師〟ウィリアムスとの定番タッグチームは〝殺人魚雷コンビ〟と呼ばれた。

プロレスラーとしては実力的にも体力的にもピークにあたる20代前半から30代前半までの10年間を全日本プロレスのリングで過ごし、ひとりで街を歩けるくらいの日常会話の日本語のスキルも身につけた。

ある日、ゴーディがみんなのまえから姿を消してしまうのではないかという漠然とした予感、なにかそういう危なっかしさはずっとあった。

むし暑い夏の夜、六本木のナイトクラブで脱水症状を起こして倒れ、心臓が一時停止したことがあった（90年7月）。93年5月、アメリカから東京に向かう国際線のなかで昏睡《こんすい》状態になり、タンカに乗せられたまま飛行機から出てきて、そのまま成田空港から救急病院に搬送され、5日間も意識不明の危篤状態がつづいたこともあった。両ヒザ、腰に故障を抱えていたため多量の鎮痛剤を服用していた。ゴーディはこのときまだ32歳だったが、10代から酷使してきた肉体は〝非常ベル〟を鳴らしていた。

それから1年後、なんとかリング復帰を果たしたが、94年7月をもって全日本プロレスとの契約は満了。その後は98年まで現役生活をつづけ、不定期ながらIWAジャパン、天龍源一郎主宰のWARといった後発団体のリングに活動の場を求めた。

最後の六本木

1998（平成10）年8月、ゴーディはふらりとほんの1週間だけ日本に戻ってきた。いまになってみると、これが最後の来日だった。

ギラギラのネオンサインと色とりどりのタクシーと左側通行の道路をながめていると、

またこの街に戻ってきたんだという実感がわいてくる。ゴーディの南部なまりのイングリッシュで発音すると、ジャパンが〝ジャッパーン〟、トーキョーが〝トーキオ〟になる。

生まれて初めてジャッパーンに来たのは15年もまえのことだ。夏の終わりだった。蔵前国技館のリングでテリー・ファンクの回転エビ固めを食らった。それからディープサウスとジャッパーンを行ったり来たりする生活がはじまった。

ゴーディはトーキョー・ウォッチングの達人である。とくに六本木にはうるさい。ナイトクラビングの街だから、お酒を飲んで、そのへんをほっつき歩いて、またお酒を飲んで、またそのへんをいつまでもほっつき歩いていればいい。なるべく時計を見ないようにして遊んでいると、このままずっと夜がつづくんじゃないかという気がしてくる。

ちょっとまえまでスティーブ・ウィリアムスといっしょによく足を運んだ〝ピップス〟は——ロア・ビルのまえから信号を渡ったところ——いつのまにか妙に立派なチャイニーズ・レストランに姿を変えていた。ホーク・ウォリアーに教わって通うようになったカウンター・バー〝ミストラル〟は、オーナーが代わったのか、バーテンダーも客層もガラッと様変わりしていた。〝ピップス〟のあったビルの1階のオレンジ色のイタリアン・レストラン——いまはうどん屋さんになっている——は、何年かまえまでは〝ジャック&ベティ〟という朝まで開いているカフェ・レストランだった。

そんなことにがっかりしてもしようがないのかもしれないけれど、時間がたってしまった現実はゴーディをちょっとだけメランコリックにした。なんとか試合ができる体にはなったから、またなんとなくジャッパーンに戻ってきた。サディーデイジーではプロレスラーとしてよりも子どもたちの父親としての役割のほうが大きくなった。でも、やっぱりたまには飛行機に揺られてどこかへ行きたくなる。

ジャッパーンには30団体以上のレスリング・カンパニーがある。どこのオフィスとどこのオフィスが協力関係にあって、だれとだれが仲がよくて、だれとだれが仲が悪いかなんてひとつひとつはおぼえきれないけれど、そんなにたくさん上がるリングがあるんだったら、どこでプロレスをやったっていい。このまましばらくこの街にいるのもいいかもしれない。

トーキオはネオンとタクシーと左側通行の街。道ばたで手をあげれば、すぐにタクシーが停まってくれる。六本木の夜はテネシーの夜よりも長い。

「まだ帰りたかねえや。I don't wanna go home yet.」

ゴーディはガッハッハと笑った。

フリーバーズのラストシーン

ひょっとしたら〝自由な鳥〟は〝自由な鳥〟なりの運命のようなものをわかっていたのかもしれない。永遠の眠りにつく6日まえ、ゴーディはサディーデイジーの自宅からアラバマ州バーミンガムまで自動車を飛ばして親友ヘイズに会いにいった。

1998（平成10）年に現役生活にピリオドを打ったヘイズは、WWEでプロデューサー業に転向していた。テレビショー〝スマックダウン〟のバックステージで、40歳のゴーディと42歳のヘイズはいっしょに過ごす最後の数分間をシェアした。

ゴーディが天国へ旅立った2001（平成13）年7月16日は、ゴーディにとっては兄貴分のような存在だったブルーザー・ブロディの13回めの命日だった。ゴーディの突然の死は、それぞれに数奇な運命をたどり、それぞれ若くして非業の死をとげたブロディとエリック兄弟たちの〝カース＝呪い〟なのかもしれないし、まったくの偶然かもしれない。

ヘイズと最後に会った夜、ゴーディは「こんなビッグショーに来るのは、今夜が最後だ」という意味のことを口にしていたという。ヘイズは「なにいってんだ、また来いよ」といってゴーディの肩をぎゅうっと抱きしめた。これがロード・ムービー〝フリーバーズ〟のラストシーンだった。

その月曜の朝、ベッドによこになったままの〝自由な鳥〟を発見したのは、ゴーディの妻だったカーニーさんではなくて、いっしょに暮らしはじめていたゴーディの新しいフィアンセだった。死因は心臓のそばにできていた血栓だった。

名曲〝フリーバード〟の歌詞の最初のフレーズは〝もしも、あした、ぼくがここからいなくなっても、キミはぼくのことをおぼえていてくれるかい？ If I leave here tomorrow, would you still remember me?〟である。

第7章　〝殺人医師〟スティーブ・ウィリアムス

日本の2大メジャーで20年間メインイベンター

アメリカのレスリング・ポリティックス（政治面）を拒絶し、日本をホームリングに選択してその才能を開花させたエリート・アスリート。新日本プロレス、全日本プロレスの日本の2大メジャー団体で約20年間にわたりメインイベンターのポジションをキープしつづけた。

スティーブ・ウィリアムスにとって、プロレスラーらしい生活とは1年を通じてアメリカと日本を行ったり来たりすることを意味していた。ニックネームの〝ドクター・デス（殺人医師）〟は仕事上のキャラクターではなくて、学生時代にフットボール部のチームメートからつけられた名誉のニックネーム。実直な人柄で、レスリング・スタイルもライフスタイルもかけひきをしないストレートな猪突猛進《ちょとつ》タイプだった。

1960（昭和35）年5月14日、コロラド州レークウッド出身。オクラホマ大時代は、秋はフットボール（オクラホマ・スーナーズ）、冬はレスリングで活躍し、いつも顔じゅう傷だらけにしていた。フットボールではオレンジ・ボウルに3回、フィエスタ・ボウルに

2回、サン・ボウルに1回、それぞれ先発メンバーとして出場。プレーヤーとしては4年連続オール・コンファレンス、オール・アメリカン表彰プレーヤーに選出された。

レスリングではNCAA全米選手権大会（ヘビー級）で6位（79年＝1年次）、5位（80＝2年次）、3位（81年＝3年次）に入賞。4年次（82年）には同選手権決勝戦でブルース・バームガートナー――2年後、84年のロサンゼルス・オリンピックで金メダル獲得――に4―3の僅差の判定で敗れて優勝を逃した。アマチュアのままレスリングをつづけていたら、オリンピックに出場していたかもしれない。

大学5年のときにビル・ワットにスカウトされて、82年夏にいったんプロレスラーとしてデビューしたが、USFLのドラフト指名を受け、ニュージャージー・ゼネラルズ、デンバー・ゴールドの2チームで2シーズンだけプロ・フットボールを経験した。

84年に再デビュー後は、おもにMSWA（ミッドサウス・レスリング・アソシエーション＝ルイジアナ、ミシシッピ、オクラホマ）地区に定着し、テッド・デビアスとのタッグチームで活動。ボスのワットはウィリアムスを将来の世界チャンピオン候補と考えたが、MSWAはUWF（ユニバーサル・レスリング・フェデレーション＝ビル・ワット代表）に改称後、87

年4月にNWAジム・クロケット・プロモーションに吸収合併され、ウィリアムスもNWAクロケット・プロ所属となった。
ウィリアムスが目撃したNWAのドレッシングルームは「お山の大将とゴマすり野郎と裏切り者のサウナ」だった。リングの上でもバックステージでも、レスリングが強いだけではどうにもならない〝政治の力学〟がうごめいていた。試合だけに集中できる環境として、ウィリアムスは日本のリングを求めた。それはかつてスタン・ハンセンやブルーザー・ブロディが選んだプロ・アスリートとしての生き方だった。

プロに転向するまえから、俺は勲章を持っていた。アマチュア・レスリングでオール・アメリカン選抜4回、フットボールでオール・アメリカン選抜。大学を卒業と同時にプロ・フットボール入り。はじめのうちはわからなかったが、こういう経歴がすべてプロレスの世界では邪魔なもの、イヤなものにされてしまうらしい。どういうわけかね。（中略）
俺とは試合をやりたがらない連中も多い。壊されちまうからさ。俺はどう思われたってかまわないが、怖がるということはその時点で勝負がついちまっているんだから、それはそれでいい。〔『デケード』下巻／初出『週刊プロレス』（94年2月8日号）〕

86年7月、初来日。約4年間、新日本プロレスのトップ外国人選手として活躍したあと、1990（平成2）年に坂口征二・新日本プロレス社長（当時）とジャイアント馬場・全日本プロレス社長の会談による〝円満トレード〟という形で全日本プロレスに移籍した。アントニオ猪木の参議院選出馬―政界進出でそれまでナンバー2だった坂口が新社長に就任。新日本プロレスと全日本プロレスのあいだにほんのしばらくの〝雪解けムード〟が生じたときのひじょうにめずらしいケースだった。

湖畔の殺人医師

ウィリアムスがいつも「のんびりできるいいところ」と話していたベントンは、ルイジアナ州の北端に位置する人口2000人のスモールタウン。テキサス州のボーダーラインまでは車で20分、ルイジアナのすぐ上のアーカンソー州の州境までは30マイル（約50キロ）

ちょっとのディープサウスの街だ。

雪ぶかいコロラドの山奥レークウッドで生まれ育ったウィリアムスが深南部にやって来たのは、フットボール奨学金とレスリング奨学金を取得してオクラホマ大学に入学したときのことだった。大学を卒業し、プロ・フットボールを経験し、プロレスラーになって10年近くがたったけれど、ウィリアムスはこのちいさな街から離れようとしない。

シュリーブポート空港からベントン・ハイウェイをしばらく北上していくと、ウィリアムスの家があるパーキー通りが見えてくる。頑丈そうなヒマラヤ杉をふんだんに使ってつくられた木造のお屋敷は、いかにもウィリアムスが好みそうなナチュラル・ウッドの色の2階建てだった。

家族は奥さんのタミーさんと10歳になる娘のストーミーちゃんの3人。犬2匹とネコ1匹ももちろんファミリー。サイプラス・レークというちいさな湖に面した家は、表通りからはかなり奥まったところに建てられているから隣人はいない。リビングルームの暖炉、地下のウエートルーム、裏庭のジャグジー風呂は、ウィリアムスが趣味の日曜大工でこしらえた。

ストーミーちゃんの子ども部屋には、たぶん3000個は軽く超すであろうものすごい数の動物のぬいぐるみたちが並べられている。これはウィリアムスが長期ツアーに出るたびに買ってきたおみやげの山だ。ストーミーちゃんは、タミーさんがいちどめの結婚でもうけたひとり娘で、ウィリアムスは彼女のステップ・ファーザーということになる。でも、ふたりはとても仲がいい。

ウィリアムスが家にいるときは、とくに春から夏のあいだは、自家用ボートで湖に出て1日じゅう釣りをするのが日課になっている。

1978(昭和53)年にホームタウンのレークウッド・ハイスクールを卒業したウィリアムスは、その年の秋に生まれて初めて雪国コロラドを離れ、南部のオクラホマ大学に入学した。大学にいた5年間、秋はフットボール、冬はレスリングと体育会系の生活をずっとつづけた。レスリングでアマチュア資格がなくなった5年生の夏には、大学に籍を残したままアルバイト気分でプロレスのリングに上がった。

ドクター・デスといういささか物騒なニックネームは、学生時代にウィリアムスがいつも顔じゅう生傷だらけ——擦り傷、切り傷、青アザ、赤アザ——にしていたことからついた名誉の勲章。ウィリアムス自身はこのニックネームを気に入っていて「自分でつけたものではなくて、みんながそう呼んでくれた愛称。お金では買えないもの」とふり返る。

いまでも無性にフットボールがなつかしくなることがある。フットボールもレスリングも肉体のぶつかり合いであり、どちらも子どものころから親しんできたスポーツである。

リビングルームの壁には、フットボールとレスリングでもらった表彰状の数かずが飾ってある。フットボール時代の思い出はたくさんの友だちといつもわいわい群れていたことで、レスリングはどちらかといえば自分との闘いの記憶。大学を出たとき、生まれて初めて孤独を感じた。

ひとつちがいの兄ジェフさんとウィリアムスは、オクラホマ大フットボール部のチームメートだった。ジェフさんもフットボール奨学金をもらい、弟よりも1年早くコロラドの実家をあとにした。ウィリアムス、ジェフさん、そしていちばん上の兄ジェリーさんの3人兄弟はみんな、少年時代からプロ・フットボール選手になることを夢みた。

ジェフさんはＩＢＭのコンピュータ・プログラマーになり、ジェリーさんはペトコ・オイル社のエグゼクティブになった。いまでもスポーツをやっているのはウィリアムスだけだ。そのかわり、ジェフさんもジェリーさんもドクター・デスの大ファンになった。

ふたりの兄たちは、まとまった休みがとれるとウィリアムスに会いにベントンに遊びにきてくれる。フットボールでもレスリングでもいちばん下の弟にはかなわなかったふたりは、モーターボートや釣りの腕まえでドクター・デスをやり込めようとする。そういうとき、ウィリアムスは笑顔で負けたふりをすることにしている。

ベントンにいるときのウィリアムスは、1日の計画を立てない。湖が一望できるベッドルームから朝早く起きだしたあとは、自宅のジムで2時間くらい汗を流して、家族といっしょにゆっくり食事をして、大きな庭の芝刈りをして、暖炉にくべる薪《まき》を割り、あとはボートを湖に出して時間を気にせずにのんびりフィッシングを楽しむ。

魚が釣れても釣れなくても、それはどうでもいい。タミーさんがいて、ストーミーちゃんがいて、犬たちがいて、ネコがいれば、ほかに欲しいものはない。フットボールとレスリングの練習に明け暮れ、夜になると仲間たちといっしょに酒場にくりだしてはビールをあおって大騒ぎしていたころの生活をまたやってみたいかといわれれば、そうでもない。

故郷コロラドでも学生時代を過ごしたオクラホマでもなく、ルイジアナ州ベントンをホームと呼ぶことにした。気がついたら30代になっていた。

「湖畔の殺人医師ですよDr. Death by the lake」

ウィリアムスは不器用な手つきで釣り糸をなおした。

シングルとタッグで全日本の頂点へ

全日本プロレスではテリー・ゴーディとのコンビで2年連続で『世界最強タッグ決定リーグ戦』に優勝し、世界タッグ王座（インターナショナル・タッグ王座＆ＰＷＦタッグ王座）もゴーディといっしょに通算5回獲得した。〝殺人医師〟ウィリアムスと〝人間魚雷〟ゴーディのタッグチームは〝殺人魚雷コンビ〟と呼ばれた。

ベスト・パートナーのゴーディが体調を崩して長期欠場すると、シングルプレーヤーとして闘うようになった。１９９４（平成６）年7月、日本武道館で三沢光晴を下して三冠ヘビー級王座の3本のチャンピオンベルトを手に入れた。でも、ウィリアムス自身が考えるところの生涯のベストマッチは、三沢との試合ではなくて、それから2カ月後、場所も同じ日本武道館で小橋健太（現・建太）を挑戦者に迎えておこなった王座初防衛戦のほうだった。

ウィリアムスは小橋とのタイトルマッチを「ハートとハートで闘った試合」と述懐した。

ゴーディが全日本プロレスのリングからフェードアウトしたあとも、ウィリアムスはゲーリー・オブライト、ジョニー・エース、ベイダーとパートナーを替えながら世界タッグ王座を通算8回保持。全日本プロレスをホームリングに息の長い活躍をつづけた。

離婚、そしてハワイ移住

もうどこか遠い南の島へでも引っ越してリラックスした気持ちで暮らしたい。ウィリアムスは、それがいちばんいい選択なのではないかと考えた。

ずいぶん時間がかかってしまった離婚裁判にひと区切りがつき、住んでいた家を売却し、ライフワークになるはずだったシュリーブポートのスポーツクラブ〝ボディー・ブラスター・ジム〟の権利も手放した。長女ストーミーちゃんと長男ウィンダムくんは母親といっしょに暮らすことになった。子どもたちはダディとマミーのあいだになにが起こっているかを知っているようだった。

ルイジアナはウィリアムスがホームタウンにしようとした土地である。生まれてからハイスクールを卒業するまでの成長期を過ごしたのが中西部コロラドで、大学時代に5年間住んだのがオクラホマ。プロレスラーになってからの十数年間は、オクラホマよりもさらにサウスのルイジアナを生活の場に選んだ。いつのまにか南部なまりのイングリッシュを話すようになっていた。

とにかく、環境を変えてしまうことからはじめるしかない。協議離婚が成立して、財産らしきものを公平に半分ずつにしても、かんじんのハートの部分はちっともすっきりしない。ルイジアナには元ワイフとの共通の友人、知人があまりにも多い。身のまわりの整理整とんをしているうちに、1年近くもプロレスを休んでしまった。あそこに住んでいるうちは、すべてがうまくいっていたころと同じリズムでしか時間は流れてくれない。

コロラドは雪国で、ルイジアナはじめじめした湿地帯。どうせはじめからすべてをやり直すのであるならば、できるだけ遠いところがいい。それにこんどはできるだけ気候のいい土地で暮らしてみたい。知り合いがあまりいないところだったらなおいい。

南の島でのんびりやろう。プロレスのことだけで頭のなかをいっぱいにしよう。ハワイはアメリカ本土と日本のちょうどまんなかにある。アメリカ合衆国の1州ではあるけれど、太平洋に浮かぶアイランドである。長いあいだディープサウスに住んでいたウィリアムスにとっては外国みたいなものだ。もうアメリカ本土でプロレスをやるつもりはないし、これからはホノルル—東京間の直行便に乗ってメインランドからは反対のディレクションに向かうことだけを考えたい。ドクター・デスは、アスリートとしての自分のこれからのいろいろなプランを立てた。

〝ボディー・ブラスター・ジム〟がなくなったと思ったら、マウイ島では友人といっしょに〝ゴールド・ジム〟のフランチャイズを共同経営することになった。キッズのためのアマチュア・レスリングのコーチの仕事もはじめるし、ジムの経営が軌道に乗ってきたらプロレスラー養成スクールもやってみたい。ウィリアムスは、これからずっと、たぶん死ぬまでそこに住むつもりでハワイを選んだ。冬ものの衣類は全部、ルイジアナに捨ててきた。

オールジャパン・プロレスリング（全日本プロレス）はベースボール・チームのような空間で、スタン・ハンセンがそうであったように、オールジャパンのユニフォームを着てオールジャパンでプレーするのがいちばん自分らしいから、オールジャパンのリングで現役生活を終わらせたい。アメリカのメジャーリーグ、たとえばＷＷＥやＷＣＷではありとあらゆる雑音と障害物のなかを泳ぎまわらなければならなくて、レスリング以外のことでとことん神経をすり減らされる。

いちばん大切なことは「ノー・ターニング・バック No turning back（ふり返らないこと）」。

リングから離れているあいだにいくらか白髪が増えたけれど、これは男性としての年輪のようなものだからあまり気にしていない。

夏になるとストーミーちゃんとウィンダムくんがお父さんに会いにきてくれる。ハワイにはハワイの暮らし、ウィリアムスが望む新しい生活がある。子どもたちが父親のことをもっとよく理解するようになるには、いましばらく時間がかかるだろう。

がんとの闘病生活

ウィリアムスは1998（平成10）年6月にWWEと契約し、いったん全日本プロレスのリングを去った。「キミだったらWWEでチャンピオンになれる」という殺し文句でウィリアムスをリクルートしたのは、オクラホマ時代から親交があり、ウィリアムスのよき理解者でもあったジム・ロス実況アナウンサーだった。しかし、WWEでは「（ウィリアムスを起用できる）ストーリーがない」という番組制作サイドの都合からほとんどTVショー〝マンデーナイト・ロウ〟〝スマックダウン〟には登場せず、約2年間の〝飼い殺し状態〟がつづいたあと、2000（平成12）年1月、WWEを退団して全日本プロレスに復帰した。やっぱり、帰ってくる場所は日本のリングだった。

03年7月、喉頭がんを切除し、右大腿部の筋肉を首に移植する手術を受け、それから何カ所かリンパ節に転移していた細胞サイズのがんを退治するための放射線治療を36回、抗がん剤治療を3クールつづけた。病気のことは家族とごく親しい友人にしか伝えなかった。日本のメディアがこれをニュースとして報道したのは04年2月で、ウィリアムスは翌3月、また日本に来て新しい活動の場となったＩＷＡジャパンで——体重が減り、上半身の筋肉がそげ落ちてしまったためＴシャツを着たままリングに上がった——試合をした。

ドクター・デスはこう話してくれた。

「ウィ・ハブ・ア・チョイス。We have a choice. 生きる選択 Choice to live と死ぬ選択 Choice to die だ。人間はみんな、そのどちらの選択も持っている。オレは生きることを選択した」

ウィリアムスは、生まれ故郷のコロラド州レークウッドに戻り、86歳の母ドッティ・ヤングさんと17歳の長男ウィンダムくんといっしょに暮らすようになった。ウィリアムスが母親の世話をし、ウィンダムくんが父親のめんどうを見てくれる。おばあちゃんと孫は仲がいい。こうやって3世代でいっしょに生活する日が来るとは思わなかった。週にいちどずつ国内線の飛行機でテキサス州ヒューストンまで飛び〝世界一のがんセンター〟ＭＤ・アンダーソン病院で診察を受けるというノルマがある。

働かないわけにはいかないから、サウスウエスト航空の正社員としてデンバー国際空港の貨物セクションに勤務するようになった。がん患者の社会復帰には給与のほかに労働組合からの給付金、障がい者用の医療傷害保険、積立貯金プラン、州税の特別控除、特別ボーナスといったベネフィットがついている。もちろん、引退したつもりはなかった。

プロレスラーとしての27年間の現役生活のベストマッチは、日本武道館での小橋健太（現・建太）との47分間のシングルマッチだ（94年9月3日）。あの試合のビデオはずっと大切にとってあって、息子にも何度も観せた。小橋をデンジャラス・バックドロップで投げた瞬間の感覚ははっきりと記憶している。

「ミサワ（三沢光晴）はグレート。カワダ（川田利明）はタフガイ。でも、いちばん好きなレスラーはコバシ。すばらしいハートの持ち主だ。アスリートとしても人間としても心からリスペクトしている」

小橋が腎臓がんになったと聞いたときは、あれだけ大きなハートを持った人物が病気なんかに負けるはずがないから、それほどショックはなかった。もし、引退試合のようなことができるのであれば、もういちどだけ小橋と闘いたい。でも、三沢がリングの上で命を落とし、最後に受けた技がバックドロップだったと知ったときは大きな衝撃を受けた。

ウィリアムスからの最後のメールは「ハイ、エブリワン」というセンテンスからはじまっていた。〝エブリワン〟だから〝日本のみなさん〟を意味していたのだろう。

「今月でキャンサー・フリー（がん完治）5周年を迎えるはずだったのに信じられないことが起きた。MD・アンダーソン病院の主治医が検査に来てくれと連絡をしてきた――。病院で3回、内視鏡を使った生体組織検査をしてもらったら、ノドの奥にがんを発見されてしまった。ガックリきたね」

「キモ・セラピー（抗がん剤治療）以外に方法はなく、ソラフィニブという開発研究中の新薬を使う。オレの体はもう手術はできないし、放射線治療も効かないらしい」

「最後の審判を下すのは神様です。オレはオレで神様がオレを助けてくれる気になるように頑張ります。治療がうまくいきますようにオレのために祈ってください」

「このメールをできるだけたくさんの人たちに読んでもらいたいです。みなさんにお伝えください。ドク――ドクター・デスの愛称のドク――はドクの最高のタッグ・パートナーである神様とのコンビで1、2、3のカウントを奪ってきますと」

ウィリアムスは、もういちど日本のリングに上がる日を思い浮かべながら最後の最後までがんと闘った――。

09年12月29日、コロラド州デンバーのセント・アンソニー病院で死去。49歳だった。

第8章　〝入れ墨モンスター〟バンバン・ビガロ

求めたものは〝ひとりワールド・ツアー〟

頭のてっぺんに炎のタトゥーを彫ったモンスター。身長6フィート3インチ（約191センチ）、体重325ポンド（約147キロ）の超巨漢タイプだったが、ひじょうに身が軽く身体能力の高いレスラーだった。ニックネームは〝ザ・ビースト・フロム・ジ・イースト The Beast From The East（東海岸の野獣）〟。バンバン Bam Bam は〝ドスン〟〝ガツン〟を意味する英語の擬音で、正確な発音は〝ベームベム〟。ラストネームのビガロは映画監督のキャスリン・ビグローと同姓だが、日本ではビガロというカタカナ表記が定着した。

だるまさんが転がるようなカート・ホイール＝側転がトレードマーク・ムーブで、バンバン・ビガロというどことなくかわいらしいリングネーム、お相撲さんのような〝アンコ型〟の体つきとユーモラスな動きがファンから愛された。

1961（昭和36）年9月1日、ニュージャージー州アズベリーパーク出身。本名スコット・ビグロー。ハイスクール時代はレスリング（フリースタイル）で活躍し、78年と79

年に2年連続で地区大会に優勝。ロサンゼルス、ソウル、バルセロナ、アトランタのオリンピック4大会に連続出場して金メダルを2回獲得したブルース・バウムガードナーと対戦したこともある。

そのプロフィルにはいくつかの〝空欄〟がある。ハイスクールをドロップアウトしてバウンティー・ハンター（賞金稼ぎ）になった。バウンティー・ハンターは日本にはない職業で、指名手配中の容疑者や執行猶予中にゆくえをくらました仮出所者などを捕まえるヤバイ仕事だ。

「素手のケンカでそいつらをとっつかまえてくることもあったし、銃を持たなければ危なくて入っていけないところにも足を踏み入れた」

19歳のときにメキシコで銃撃戦に巻き込まれ、2年間、刑務所に服役した（とされる）。その後、ニュージャージーでも傷害事件を起こし、9カ月間、塀のなかにいたともいわれている。こういったエピソードの数かずはどのあたりまでがファクトで、どのあたりがフィクションなのかわかりにくい。

ラリー・シャープ主宰のレスリング・スクール〝モンスター・ファクトリー〟でトレー

ニングを受け、85年8月、ニューヨークのディスコ〝スタジオ54〟のイベントでプロレスラーとしてデビューした。脳天のタトゥーは〝暴走族〟時代に彫ったもので、プロレスラーになるまえはナイトクラブでバウンサー（用心棒）をしていた。

テネシー、ダラスＷＣＣＷを約1年間サーキット後、87年1月に初来日。デビューから1年半という短期間でいきなり新日本プロレスのトップ外国人選手のポジションをゲットした。

しかし、それからわずか半年後の同年8月、アメリカのメジャー団体ＷＷＥと電撃契約を交わしていったん日本のリングから姿を消し、1年後の88年7月、ＷＷＥをあっさり退団してまた日本に戻ってきた。ビガロが求めていたのは、1年を通じてアメリカと日本を行ったり来たりする〝ひとりワールド・ツアー〟だった。

89年1月7日、昭和天皇が崩御した日——新日本プロレスはこの日と翌日、予定していた後楽園ホールでの興行をキャンセルした——は、滞在先の新宿のホテルの40階の自室にいた。テレビをつけっぱなしにして、日本語はわからないけれど〝エンペラー・ヒロヒトと昭和の歩み〟〝第二次世界大戦と戦後の復興〟といった報道特番をなんとなくながめながら過ごした。窓の向こう側に見える新都心は喪に服し、いつもはネオンライトでキラキラしているダウンタウンが真っ暗だった。昭和が終わり、平成がはじまった「とんでもねえヒストリカル（歴史的）な日」をビガロはリタルタイムで体験した。

「成功したければこの街を出ることだ」

1990（平成2）年4月。

ニューヨークからアズベリーパークまでは1時間ちょっとのドライブだった。ハドソン河を渡ってニューアークに入ると、ニュージャージー・ターンパイク高速道路が見えてきた。ここからフリーウェイに乗って45分ほど走れば、ビガロが住むアズベリーパークまで行ける。「聖《セント》ガーデン公園通りの出口に来たらそのまま南に向かうんだぞ」とビガロは教えてくれた。

フリーウェイの両側はどこまでもつづく森林地帯だった。ついさっきまでニューヨーク・ニューヨークにいたことが信じられないような風景だ。ニューヨークが東京だとすると、アズベリーパークはちょうど千葉の九十九里あたりの北のはずれのほうなのだろう。

大都会からは近いような遠いような不思議な距離だ。

アズベリーパークは、雨があがったあとの虹の色の街だった。この日は大きな青空のすぐ下にグレーの雲がかかっていた。

「6月まではずっとこんな感じだよ。天気がよかったら釣りかダイビングに連れていってやるのにな」

ビガロの住んでいるコンドミニアムから2、3分歩くともう海だ。防波堤に沿ってジョギングする人たちの姿が見える。イーストコーストだから、あたりまえのはなしだけれど、目のまえに広がっているのは大西洋 Atlantic Ocean だ。

ビガロ家はにぎやかだ。ワイフのデイナさんと2歳になるシェーンくんのほかに愛犬カブキと小鳥がいて、4月の復活祭《イースター》の〝卵さがし〟で活躍してもらうウサギも2匹いて、玄関のすぐよこには大きな金魚鉢が置いてある。音楽が大好きなビガロは、これだけの騒音のなかで心地よさそうにカウチに寝そべりながら、ステレオのボリュームを上げてハードロックを聴いている。やっぱりここはホーム・スウィート・ホームだ。

「ねえ、スコット、お客さまにジーンを紹介してあげたら?」

家のなかでは奥さまがボスのようだ。ジーンさんという人物はビガロの頭に彫りものをしたタトゥー・アーティストらしい。

ビガロが運転する4WDのピックアップ・トラックで街のなかを走っていると、すれちがう車のほとんどがクラクションを鳴らしていく。こちらに向かって手を振る子どもたちもいる。

「この街じゅうの人たちがオレを応援してくれてるんだ。アズベリーパークから出た成功者はブルース・スプリングスティーンとオレだけなんだとさ。トム・クルーズ、ボン・ジョヴィ、ジャック・ニコルソンが隣の街の出身なんで、みんなカリカリしてるんだ」

トム・クルーズ？　ボン・ジョヴィ？　ジャック・ニコルソン？　なんなんだろう、この街は。スプリングスティーンとビガロだって？

「成功するためにはな、この街から出なくちゃいけねえんだ。なあ、ニューヨークはすぐそこじゃねえか」

タトゥー・パーラーはダウンタウンの裏通りにあった。木製の立て看板には手書きのペイントで〝ボディー・アート・ワールド〟と記されている。出迎えてくれたオーナーのジーンさんの両腕、両肩、首の両側には——たぶん背中にもおなかにも——さまざまな模様のタトゥーがびっしりと彫られているけれど、コワい感じではなくて、やさしそうな目をしている。年齢は40代後半から50代前半くらいだろうか。どちらかといえば、芸術家タイプなのだろう。

ビガロがこのショップで初めてタトゥーを彫ったのは16歳のときだった。フツーの高校生はそういうことはしないだろうけれど、スコット少年はある日、ひとりでジーンさんを訪ねていった。アルバイトをしてお金を貯《た》めては、数カ月にいちどずつここへ来て、大きなリクライニングチェアに腰かけてボディー・アートの数を増やしていったのだという。

「日本ではタトゥーはマフィアのシンボルみたいなもんなんだろ。こっちではあくまでも体のアクセサリーなんだぜ」

ビガロは、イーストコーストのタトゥー・カルチャーをできるだけわかりやすく解説してくれようとした。ビガロのよこでニコニコしていたジーンさんは、ビガロがマフィアという単語を出したとたん〝プッ〟と吹きだした。

〝ボディー・アート・ワールド〟を出て街の中心まで戻ると、ビガロが「〝ストーン・ポーニー〟に寄っていこう」といいだした。〝ストーン・ポーニー〟という酒場は、ビガロがプロレスラーになるまえにバウンサーとして働いていたところで、毎晩のように生バンドのステージがあるにぎやかなお店だ。その夜は元イーグルスのジョー・ウォルシュのライヴがあるらしい。

「成功したければこの街を出ることだ」といってビガロは〝うん〟とうなずいた。

アズベリーパークはイーストコーストのちいさな港町。ニューヨークは近いような遠いようなビミョーな距離だ。乾いた潮の空気が顔にぶつかった。

1試合で100万ドルの小切手

ビガロは「オレはブルーム・スティック（ほうき）が相手でもプロレスができる」と豪語していた。かゆいところに手が届くようなひじょうに器用なアスリートで、プロモーターにとっては使い勝手のいいキャラクターだったから、日本でもアメリカでも〝仕事人〟のようなポジションをまかされてしまうことが多かった。

プロレスというスポーツが存在しない旧ソ連からロシア人レスラーたちが新日本プロレ

スのリングにやって来たときは、アマチュア・レスリングの経験があり、いざとなったらケンカもできるビガロがことばの通じない元オリンピック代表選手たちとボディー・ランゲージによるプロレスの手合わせをした。

大相撲の元横綱・双羽黒《ふたはぐろ》の北尾光司がプロレスに転向したときも、ビガロがそのデビュー戦の相手をつとめた（1990年＝平成2年2月10日、東京ドーム）。

北尾と闘ったビガロはすっかり有名人になった。試合終了後、6万人を超える大観衆が北尾に対して大ブーイングを浴びせるなか、3塁側ダッグアウトまえでくるりくるりと何度も何度も側転をしてみせた太ったガイジン・レスラーは、東京ドームのオーディエンスだけでなく、お茶の間のテレビ視聴者のハートをがっちりとつかんだ。頭のてっぺんに入れ墨をした怪獣のようなプロレスラーを日本じゅうがおもしろがった。

WWEでは〝レッスルマニア11〟のメインイベントで元NFLニューヨーク・ジャイアンツのスタープレーヤー、〝LT〟ローレンス・テイラーの〝プロレス体験〟の実験台になった（95年4月2日＝コネティカット州ハートフォード）。

〝LT〟はいわゆるオール・アメリカンのスポーツ・セレブリティー。フットボールはアメリカでいちばん人気のあるスペクテーター・スポーツで、フットボールに興味がない人たちでも〝LT〟の名は知っている。スーパーボウルのMVPになったこともあったし、映画俳優やタレントとしても活躍するアフリカン・アメリカン社会のヒーローだ。

〝LT〟が〝レッスルマニア〟でプロレスの試合をすることが正式に発表されると、ネットワーク・チャンネルがプライムタイムのニュースとしてこれを報道した。〝LT〟と対戦することが決まった瞬間からビガロのポーズ写真がアメリカのありとあらゆるテレビ番組、新聞、タブロイド紙、雑誌に出現しはじめた。なにもかも北尾と闘ったときと同じで、〝デジャヴ dejavu（既視感）〟とはまさにこのことだった。

〝LT〟はプロレス心のあるアスリートだった。たった1試合のプロレス体験だったけれど、しっかりとリングに上がる準備はしてきたし、それなりにプロレスのなんたるかを勉強してきたようだった。

リングのまんなかで向かい合うと、お得意のフットボール・スタイルのタックルでガンガンぶつかってきた。フットボールでは反則になるエルボー・スマッシュをプロレス用のフィニッシュ技として用意してきた。〝LT〟はプロレスをリスペクトし、ビガロをリスペクトし、しっかりと闘おうとしていた。どうしてそうなったかはわからないけれど、試合をしながら「目がうるうるしてきちまった」とビガロはふり返る。

「プロレスをやるんだったら、やっぱりニューヨークのマディソン・スクウェア・ガーデンで試合をやるようにならなくちゃ。チャンピオンになるのもいいけれど、〝レッスルマニア〟でメインイベントをとるほうがもっとグレードが高いな」

そんなことを考えていたころの記憶がよみがえってきたのかもしれない。

「もうあんまり欲しいものはない」といって、ビガロは〝うん〟とうなずいた。男の子にとって——女の子だってそうなのかもしれないけれど——欲しいものとは、お金で買えるものとお金では買えないものとを全部ひっくるめて、である。

仕事があって、5ベッドルームの大きな家があって、4WDのピックアップ・トラックがあって、ハーレーダビッドソンがあって、釣りの道具があって、カミさんがいてくれて、元気なキッズがそこらじゅうを走りまわっていたりしたら、ほかに欲しいものなんて思い浮かばない。

ビガロと顔がそっくりな長男シェーンはもう8歳、小学3年生になった。体はやっぱりタテにもヨコにも大きい。このままますくすく背が伸びていけば、ハイスクールにあがるころには父親と同じくらいの身長になるだろう。次男コールテンはまだ3歳。結婚して9年になるデイナさんは弁護士になるためにロー・スクール（法科大学院）に通っている。

30代半ばになったビガロは、それなりのトシになったのだから、それなりに分別らしきものを身につけて、それなりに賢くならなくてはいけないと考えるようになった。ヘルシーhealthy（健康に）。ウェルシーwealthy（裕福な）。ワイズwise（利口に）。そういうことがとても大切になった。ウェルシーといってもリッチrich（お金持ち）になりたいという意味ではなくて、家族に恵まれて、仕事に恵まれて、このまま元気に暮らしていければいいという願望のようなもの。そういう感覚が芽生えはじめた。

若かったころ、ビガロはヤバいこと、いけないことをたくさんやった。頭にタトゥーを彫ったのは、プロレスを志すようになるはるかまえの10代の〝根性焼き〟。ハーレーに乗って、バイカー系ギャングのグループに入ったのも16歳のときだった。バウンティー・ハンターの仕事をしていたころはいつも銃を持ち歩いていて、撃ったこともあったし、撃たれたこともあった。プロレスラーになろうと思ったのは20代になってからだった。〝レッスルマニア11〟で元NFLスーパースターの〝LT〟ローレンス・テイラーと闘ったときは、1試合で100万ドルの小切手をもらった。あのときのミリオンダラーは新築の家に化け、残ったお金を銀行に預けることもできた。あれは正しい選択だった。

WWEをやめてしばらくのんびりしようと思っていたら、プロ格闘技——MMA（ミックスト・マーシャル・アーツ）という競技名がまだ〝発明〟されていなかった時代のMMA——のリングで〝怪人〟キモと試合をしてほしいというオファーがあった。プロモーターが欲しがっていたのは、バンバン・ビガロというプロレスラーのポピュラリティー（人気、知名度）なのだということはすぐにわかった。

プロレスでもボクシングでもキックボクシングでもない、いわゆる〝なんでもあり〟の総合格闘技のイベントが世界的なトレンドになりつつあった。ビガロは〝残酷タフマン・コンテスト〟としてスタートしたころのUFC（アルティメット・ファイティング・チャンピオンシップ）の熱心な視聴者だった。

「人生最悪の10万ドル」

たった2分ちょっとの喧嘩《けんか》マッチで10万ドルのファイトマネーをもらったことはビジネスとしてとらえればまちがった判断ではなかったかもしれないが、やっぱり失ったものが大きかった。〝悪銭身につかず〟ではないけれど、イージー・カム・イージー・ゴーの10万ドルはあっというまに消えてなくなった。いったい何にどうやって使ったのかもろくにおぼえていない。マネーには〝いいお金〟と〝悪いお金〟があることもそれなりに悟った。

そんなとき、フィラデルフィアのハードコア団体ECW（エクストリーム・チャンピオンシップ・レスリング）のハウスショーがアズベリーパークにやって来た。団体オーナーでエグゼクティブ・プロデューサーのポール・ヘイメンはプロレスラーになるまえからの友だちだから、〝ECファッキンW〟のライヴを観てみるのもいいかなと思って、なんの連絡もせずにいきなりアリーナに足を運んでみることにした。

旧友との再会を喜んだヘイメンは、ビガロに「週2000ドルくらいしか払えないけど、ここで試合に出てくれないか。若いボーイズ（選手）のコーチもやってほしい」ときわめて現実的な金額でブッキングのオファーを出した。ドレッシングルームにいたボーイズは、いきなりそこに現れたビガロを羨望とリスペクトのまなざしで迎えてくれた。

ハーレーにまたがって大西洋岸をフロリダへ南下

「40代からはプロレスは趣味」とビガロは話していた。

ECWが倒産、活動停止となった2001（平成13）年3月からは全米各地のインディー団体で単発で試合をするようになったが、首、肩、両ヒザの慢性的な故障と持病の糖尿病の悪化でその巨体（とそれを支える心）はすでに限界に達していた。

引退試合、引退興行などはおこなわずなんとなくリングからフェードアウトしたビガロは、04年に友人との共同出資でペンシルベニア州ハムリンに〝バンバン・ビガロズ・デリ〟というテイクアウト・レストラン（弁当屋）を開業した。ホームタウンのアズベリーパークからペンシルベニアまではかなり距離があるので、このあたりのディテールははっきりしないが、すでにこの時点でビガロはアズベリーパークには住んでいなかったのかもしれない。

〝バンバン・ビガロズ・デリ〟は、ビガロ本人がお客さんからオーダーをとり、サンドウイッチやパスタ、惣菜類を袋につめ、慣れない手つきでレジを打つということでオープン当初は話題になったが、翌05年に突然、閉店した。どうやら、接客業はビガロの仕事ではなかった。

「グローリー、おぉ、グローリー Glory, Oh, Glory」

グローリーとは栄光、名声、名誉。栄光の瞬間。神への感謝、賛美。誇りとなるもの。誇りとなる人。繁栄。栄華。プロレスのリングに上がれなくなったことで、ビガロは「オレはすべてのグローリーを手放してしまった」と考えた。

17年間、いっしょに暮らしたデイナ夫人とは離婚した。離婚というよりは、弁護士になって経済的にも精神的にも自立したカミさんにある日、家から追いだされた。仕事も、住む家も失い、ティーンエイジになったふたりの息子たち、シェーンとコールテンとも連絡をとることができなくなった。

バンバン・ビガロとスコット・ビグローのアイデンティティーのあいだをさまよいはじめたビガロは、98年モデルのチョッパーハンドルのハーレーダビッドソンにまたがって大西洋岸のハイウェイをゆっくり南下し、フロリダまで流れていった。

ほんとうはもうちょっと長いストーリーを無理やり〝早送り〟するとこうなる。ビガロはフロリダでジャニスさんという新しいガールフレンドと出逢った。ジャニスさんはプロレスファンではなくて、ビガロがかつて有名なプロレスラーだったことも、一文なしになってしまった元億万長者だということも知らなかったけれど、頭のてっぺんに炎のタトゥーを彫った太った中年のバイカー――ありのままのスコット――を受け入れてくれた。

ジャニスさんをバイクの後ろに乗せたビガロは、フロリダ州ヘルナンド郡の州道50号線でスリップ事故を起こした。スピード違反。酔っぱらい運転。保険は未加入。バイクのライセンス・プレート（ナンバー）は期限切れ。ビガロ自身のニュージャージー州の運転免許証も失効。もちろん、ハーレーは大破した。裁判の費用を支払えないビガロにフロリダの裁判所はパブリック・ディフェンダー（国選弁護士）を用意してくれたが、ビガロは裁判を欠席した。

この事故でジャニスさんは全身打撲の重傷を負ったけれど、命に別状はなかった。ビガロもケガをしたが、心の痛みにくらべれば、肉体的な痛みはどうでもよかった。ポケットのなかにはいつも大量の鎮痛剤を放り込んであった。

それからまた1年ちょっと、ビガロとジャニスさんは、ジャニスさんが借りていた安アパートメントで仲よく、静かに暮らした。キッチンの電子レンジの上――いつでも手が届くところ――にはピストルが無造作に置かれていたが、それを使うことはなかった。

07年1月19日、金曜の朝、ビガロはすやすやと眠ったまま帰らぬ人となった。警察の司法解剖の結果、死因は薬物のオーバードース（OD＝過剰摂取）。体内からはコカイン、多量の抗うつ剤、抗不安剤、鎮痛剤、睡眠導入剤などが検出された。45歳だった。

1週間後、ビガロの遺体はアズベリーパークに移送された。潮の香りが漂うビーチ沿いのカトリック教会のまえでは、数百台のハーレーとたくさんの友人たちがホームタウンのヒーローの帰還を待っていた。

第9章　〝皇帝戦士〟ビッグバン・ベイダー

平成の〝最強ガイジン〟誕生

新日本プロレス、UWFインターナショナル、全日本プロレス、プロレスリング・ノアの国内メジャー4団体でトップ外国人選手として活躍した平成の〝最強ガイジン〟。体重440ポンド（約198キロ）の超巨漢タイプだが、身体能力がひじょうに高く、アスリートとしての適応性に優れ、日本、アメリカ、メキシコ、ヨーロッパの主要団体で世界王座を通算14回獲得した20世紀最後の国際派スーパースターだった。

1987（昭和62）年12月27日、ビートたけしのTPG（たけしプロレス軍団）の刺客としてビッグバン・ベイダーのリングネームで新日本プロレスのリングに出現し、デビュー戦でいきなりアントニオ猪木と対戦。3分弱のファイトタイムであっさり猪木から3カウントのフォール勝ちをスコアした。試合終了後、超満員札止めの1万人超の観客のほとんどが席を立とうとせず、リング内にモノを投げ入れたり、一部ファンが会場内の器物を破損するなどして暴動騒ぎが起きた。

『ギブUPまで待てない!!ワールドプロレスリング』（テレビ朝日）の番組内企画だったT

PGは、人気タレントのビートたけしが夕刊スポーツ紙、ラジオの深夜放送などを通じて設立を宣言したプロレス新団体という〝設定〟で、〝皇帝戦士〟ビッグバン・ベイダーはこの新団体の秘密兵器という〝設定〟だった。

ベイダーのキャスティングにはじつは3人の候補がいた。ブル・パワーのリングネームでヨーロッパを長期ツアー中だったレオン・ホワイト、ダラスWCCWに在籍していた〝ディンゴ・ウォリアー〟ジム・ヘルウィグ（のちのアルティメット・ウォリアー）、新日本プロレスの外国人留学生だったブライアン・アダムスの3人で、プロデューサーのマサ斎藤――TPG参謀という〝設定〟――がこのなかから当時まだキャリア2年のルーキーだったホワイトを新キャラクターに起用した。

問題の12・27〝イヤーエンド・イン国技館〟での観客による暴動事件についてはその経緯をできるだけ簡潔におさらいしておく必要がある。当初発表されていた主要カードは、メインイベントがアントニオ猪木対長州力のシングルマッチ、セミファイナルが藤波辰巳（現・辰爾）＆木村健悟《けんご》対ビッグバン・ベイダー＆マサ斎藤のタッグマッチだった。

セミファイナルの試合まえ、ビートたけし、ガダルカナル・タカ、ダンカンの3人を先頭にたけし軍団のフルメンバーがリングに登場した。観客席からは〝たけしコール〟が起こり、この時点ではおおむね歓迎ムードが漂っていた。ここでたけし軍団が、予定されていたタッグマッチではなくベイダーと猪木のシングルマッチを要求。Tシャツ姿でリングに現れた猪木はその場でこれを受諾。メインイベントは急きょ猪木対ベイダー、セミファイナルは長州&斎藤対藤波&木村に変更された。

長州&斎藤対藤波&木村のタッグマッチに観客ははっきりと拒絶反応を示した。試合開始のゴングと同時に日本のプロレス史で初めてと思われる〝やめろ〟コールの大合唱がアリーナ全体を支配し、観客席からは試合中のリング上に向かってモノが投げ入れられはじめた。この日、1万人超の観客が両国国技館に足を運んだ目的はあくまでも猪木と長州の一騎打ちを観るためであり、長州が猪木をやっつけてようやく世代交代を現実のものとする歴史的シーンを目撃するためだった。

試合は6分30秒、長州がリキ・ラリアット一発で木村からフォールを奪い終了。マイクをつかんだ長州が「……試合だけはやらせてくれ！　……猪木はオレが倒す！」と叫ぶと、大ブーイングは大歓声に変わった。ここで猪木が再びリングに登場。5分間のインターバルのあと、猪木対長州のシングルマッチがおこなわれることが急きょ発表された。どこからどこまでがテレビ収録の進行表どおりで、どこからどのあたりまでが猪木あるいは長州のアドリブであったかはいまとなってはわからない。

午後9時10分に試合開始のゴングがなった猪木対長州のシングルマッチは、猪木の場外での鉄柱攻撃によって長州が額から出血するというワンシーンはあったが、これといった攻防もないまま、猪木がリング中央で卍固めの体勢に入ったところで長州のセコンドについていた馳浩《はせひろし》が乱入。わずか6分6秒のファイトタイムで猪木の反則勝ちに終わった。この試合結果が完全に大観衆の怒りに火をつけた。

リングから下りる長州と入れ替わりに、こんどはベイダーとマサ斎藤が登場してきて、これといった説明がないままメインイベントの猪木対ベイダーのシングルマッチがスタートした。観客が状況をよく把握できないでいるうちに、2分49秒、ベイダーがアバランシュ・スラム一発で猪木をフォール。半失神状態の猪木は若手選手に担がれるようにして退場したが、呆気《あっけ》にとられたままの観客は家路につくタイミングを失った。あとからわかったことだが、たけし軍団のメンバーはセミファイナルのタッグマッチが終わった時点ですでに会場をあとにしていた。

またリングに向かってモノが飛びはじめ、この状況に納得しない観客のブーイング、罵声、怒号が国技館を覆い尽くした。暴動がはじまった。それから約30分後、猪木がもういちどリングに上がり、アリーナ席に向かって手を振り、無言のまま深ぶかと頭を下げると事態はようやく沈静化した。

どうやら1万人の観客の怒りは、猪木が新顔の外国人選手にあまりにもあっけなく敗れたことではなく、ファンの感情を逆なでするような新日本プロレスの場当たり的なカード変更と消化不良の試合内容に対して向けられたものだった。昭和のプロレスファンはとことん熱かった。この暴動騒ぎで日本相撲協会が新日本プロレスに国技館の〝無期限使用お断り〟を通告（89年＝平成元年に解除）するというおまけがついた。ベイダーは記憶にも記録にも残る〝歴史的〟な興行でメインイベントのリングに立っていたのだった。

80年代の猪木は、アンドレ・ザ・ジャイアントにもハルク・ホーガンにも、スタン・ハンセンにもブルーザー・ブロディにも3カウントのフォール勝ちを許したことはなかったから、ベイダーによる〝秒殺シーン〟は衝撃的だった。この試合をひとつの分岐点に昭和の〝猪木ワールド〟はそのエピローグを迎え、日本のプロレス・シーンのいちばん新しい登場人物となったベイダーは平成の〝最強ガイジン〟の道を歩みはじめたのである。

いまなお語り継がれるトップ外国人対決

1955（昭和30）年5月14日、カリフォルニア州リンウッド出身。本名レオン・アレン・ホワイト。ベル・ハイスクール時代はフットボールで活躍し、ハイスクール・オールアメリカン（ポジションはオフェンシブ・ガード）に選出され、フットボール奨学金を取得してコロラド大に進学。カレッジ・オールスター・ゲーム、イースト・ウェスト・シュライン・ゲーム、ライス・ボウル、コカコーラ・ボウルなどに出場。78年のNFLドラフト（3巡め24位指名）でロサンゼルス・ラムズに入団。80年のスーパーボウル（故障者リスト入りでゲームには出場せず）までラムズに在籍した。

85年10月、ブラッド・レイガンズのコーチを受け、AWAでデビュー。30歳という年齢でのやや遅いプロレス転向だったが、ルーキーイヤーにスタン・ハンセン、ブルーザー・ブロディとシングルマッチで対戦した。

「バーン・ガニアにスカウトされた。そのころはボウルダー（コロラド州）に住んでいたんだが、ガニアがいちどだけでいいから試合を観にこいというのでデンバーに行ってみたら、いつのまにかオレがプロレスラーになるというはなしになっていた。ハイスクール時代、少しだけレスリング（フリースタイル）をやったことがあったので、プロレスをやることに抵抗はなかった」

87年3月、コロラド州デンバーでオットー・ワンツ――ヨーロッパ・マットのスーパースターでプロモーター兼務――を下しCWA（キャッチ・レスリング・アソシエーション）世界ヘビー級王者を獲得し、ワンツのブッキングでオーストリア、ドイツ、フランス、イタリア、オランダをツアーした。マサ斎藤と出逢ったのもこの時期だった。

「ミネアポリス（ミネソタ州）で試合をしているところを観て、いっぺんで惚《ほ》れ込んだ。体はゴツイし、スピードもあるし、いかにも日本向きのレスラーだと思った」（斎藤）

新日本プロレスには88年から1992（平成4）年まで約5年間、在籍。ジャパニーズ・スタイルのプロレスとサイコロジー――試合における観客とのコミュニケーション――を短期間でマスターし、トップ外国人選手のポジションに立った。

ベイダーが目撃した新日本プロレスは、昭和から平成、リング上の主役が猪木から長州、藤波、さらに武藤敬司、蝶野正洋《ちょうのまさひろ》、橋本真也《しんや》の〝闘魂三銃士〟世代へとバトンタッチされた時代だった。89年4月、史上初の東京ドーム興行『89格闘衛星★闘強導夢』では王座決定トーナメント戦（1回戦で蝶野、準決勝で藤波、決勝で橋本）を制してIWGPヘビー級王座を獲得した。

やや蛇足になるが、同年、新日本プロレスのブッキングで初体験したメキシコ・ツアーではカネックを下してUWA世界ヘビー級王座を獲得（89年11月22日＝メキシコ・ナウカルパン）。日本＝IWGP、メキシコ＝UWA、オーストリア＝CWAの3カ国でメジャー3団体の世界王座を同時に保持するという快挙を果たした。

平成元年は猪木が参議院選出馬―当選により新日本プロレス社長を勇退、坂口征二が引退―新社長就任という〝政権交代〟が起きた年で、坂口とジャイアント馬場の対話路線から新日本プロレスと全日本プロレスの団体交流がスタート。90年2月、新日本プロレスの2度めの東京ドーム興行ではベイダー対スタン・ハンセンの両団体のトップ外国人選手の対決が実現した。

この試合は両者リングアウトの痛み分けという結果に終わったが、おたがいのプライドをかけたひじょうに高いレベルでのプロレス哲学の交錯が、いまなお語り継がれる名勝負を生んだ。筆者が『週刊プロレス』（№３６３＝１９９０年2月24日号）に執筆した試合リポート記事（漢字づかい、送り仮名、カタカナ表記も原文のままとした）から引用する。

２・10『'90スーパーファイトin闘強導夢』、ガイジン同士のＩＷＧＰは両者リングアウト
交流戦と呼ぶにはあまりにも壮絶
ベイダーVSハンセン、ザ・頂上決戦

東京ドームのリングで団体交流戦をもっとも強く意識していたのは、天龍でもなければ長州でもなかった。ビッグバン・ベイダーとスタン・ハンセンは、新日本、全日本の看板外国人という立場以上に、日本をホームリングとするアメリカ人レスラーの代表として、極限状態に近い緊張感を持ってリングに上がってきた。

大物ガイジン同士の対戦というと、まったく期待はずれの凡戦か各選手のキャラクターを適度に楽しむ顔見せのどちらかになってしまうのがふつうだが、ベイダーとハンセンのぶつかり合いは、日本人対決以上に日本的な神経戦だった。

ハンセンが、カウベルを振り回しながら花道を走り抜けてきた。新日本マットに登場するのは、じつにこれが8年ぶりだ。反対側の花道に現れたベイダーは、選手入場用ステージの上で例の〝儀式〟をはじめた。この試合の主役は自分だという自信に満ちている。

先にリングに上がったハンセンは、なかなかカウボーイハットを脱ごうとしない。ベイダーが鎧《よろい》を守護神にここまでのし上がってきたように、ハンセンもラリアットとカウボーイハットをトレードマークにトップ外国人選手の座を守りつづけてきた。ゴング前からメンタルな闘いはすでにはじまっていた。

先に仕掛けたのはハンセンだった。あっという間にもの凄い殴り合いになった。神経戦が悪い方向に展開した。いったい何がどうなったのか、ベイダーが自らの手でマスクを脱ぎ捨ててしまった。マスクの下から現れたレオン・ホワイトの顔は右目が完全にふさがって見るも無残な姿になっていた。

あとでわかったことだが、試合開始直後のパンチ合戦でハンセンの放ったエルボーが、ベイダーのまぶたを直撃してしまったらしい。もちろん、これはあくまでアクシデントと解釈すべきだろう。プロレスは町のケンカではない。

思わぬ負傷でファイトに火がついたのはベイダーのほうだった。トップロープからのベイダー・アタック、アバランシュ・ホールド、ラリアットとたてつづけに大技をくり出して勝負をかけていった。

戦場がリング内から場外、再び場外からリング内へとめまぐるしく移り変わる。場外戦が長びくたびにベイダーがハンセンを、ハンセンがベイダーをリング内に投げ入れる。あくまでリングのなかでの勝負にこだわる両者の姿勢は好感が持てた。これが東京ドームでなくアメリカのリングだったら、もっと早いタイムで両者リングアウトになっていたかもしれない。

リングのほぼ中央で、ハンセンが左腕のサポーターに手を当てた。元祖ラリアットへのプロローグだ。ベイダーがロープに振られた。ハンセンが助走つきラリアットの体勢に入る。しかし、これをよく見ていたベイダーはカウンターのドロップキックで切り返していく。

今度はベイダーがハンセンの首筋にラリアットをめり込ませた。ハンセンも黙ってはいない。予告なしのラリアットをお返しだ。持てる技をすべて出し尽くした両者は、もつれ合うようにして場外へ転落していった。この時点ですでに実質的なドローが決まった。両者リングアウトがどうしても避けられない試合もあるのだ。〔『デケード』下巻／初出『週刊プロレス』（1990年2月24日号）〕

ツイッターで発信した〝余命2年〟

ベイダーと新日本プロレスのあいだでなにがあったかは、いまとなってはそのディテールはあまり重要ではないかもしれない。1992（平成4）年6月のシリーズ興行を最後にベイダーは日本のリングからいったんフェードアウト――新日本プロレスからは公式発表はなかった――し、もともと新日本プロレスからのリース契約という形で限定スケジュールを消化していたWCWに活動の場を移し、翌7月にはスティングを破ってWCW世界ヘビー級王者を奪取。その後、同王座を通算3回獲得した。ベイダーは世界じゅうのどこの団体でもメインイベンターの証《あかし》=チャンピオンベルトを手に入れた。
〝青天のへきれき〟といったら大げさかもしれないが、93年5月、UWFインターナショナルがベイダーとの契約を発表した。1984（昭和59）年に〝第3団体〟として誕生したUWFは、従来のプロレスからショー的要素を排除し、打撃技、投げ技、関節技を主体とした格闘技色の強い試合スタイルを模索した運動体で、91年発足のUWFインターナショナルはそのスピンオフ団体だった。

あのスタイルを経験したこと、タカダ（髙田延彦）との闘いを誇りに思っているよ。いまよりは年齢的にも少しだけ若かったし、やれるうちにやっておきたかったということかな。当時、わたしはアメリカではWCWのリングに上がっていた。WCWとシュート・スタイルだぞ。スタイルのちがいをアジャストするのは並大抵のことではなかった。〔『プロレス入門Ⅱ』／初出『週刊プロレス』（2002年8月15日号）〕

タカダ、ゲーリー・オブライト、サルマン・ハシミコフらの試合をビデオで研究した。キックボクサーを雇って、キック技のディフェンスを練習した。もともと学生時代はボクシングをやっていたし、プロになろうと思ったこともあったから、パンチには自信があった。(同)

スーパー・ベイダーの新リングネームでUWFインターナショナルのリングに登場したベイダーは、94年8月、高田(現・高田)延彦を下して『94プロレスリング・ワールド・トーナメント』に優勝。〝20世紀の鉄人〟ルー・テーズの流れを汲むプロレスリング世界ヘビー級王座を獲得した。

アメリカ国内ではWCWからWWEに移籍し、新顔のサプライズとしてスーパーイベント〝ロイヤルランブル〟でデビュー(96年1月21日=カリフォルニア州フレズノ)。同年の〝サマースラム〟のメインイベントでショーン・マイケルズが保持するWWE世界ヘビー級王座に挑戦したがフォール負け(8月18日=オハイオ州クリーブランド)。WWEには2年8カ月間在籍したが、ついにいちどもチャンピオンベルトを手にすることはできなかった。

ベイダーは日本のファンがこれらのＷＷＥの試合映像を目にするかどうか、それによって日本での自分の評価が変わってしまうかどうかを気にかけていた。大きな体のわりに性格的にはひじょうに繊細なところがあった。

ＷＷＥはピュア・エンターテインメントだ。しかし、あのスタイルではやっぱりベスト・タレントが集まっている団体さ。やるからには、そのスタイルだってだれにも負けたくない。わたしは世界チャンピオンになるつもりでＷＷＥと契約したんだ。（同）

ローテーター・カフ（肩関節）とヒジのジン帯を損傷していた。体の左サイドはほとんどダメになっていた。ケガを完全に治さずに試合をやってしまったことが大きなミステークだった。それはいまでも後悔している。（同）

ビンス・マクマホンとブレット・ハートの政治的確執――〝モントリオール事件〟までの一部始終――を描いたドキュメンタリー映画『レスリング・ウィズ・シャドウズ』の冒

頭シーンには、ベイダーが「経営学部卒の傷つきやすい男」として紹介され、ベイダーとブレットがドレッシングルームで談笑しているところが映っている。WWEでは〝外様〟のベイダーは、バックステージの派閥の力学とはいっさいかかわらない完全なノンポリだった。

WWE退団後は全日本プロレスに活動の場を求め、98年5月、同団体の初の東京ドーム興行に出場、同年、ハンセンとのコンビで『98世界最強タッグ決定リーグ戦』にも出場した。ベイダーとハンセンのあいだには、ふたりにしかわからない友情があった。全日本プロレスに在籍した2年間で三沢光晴、川田利明、小橋健太（現・建太）、田上明、秋山準の〝四天王プラス1〟とそれぞれシングルマッチで対戦し、三冠ヘビー級王座を通算2回獲得。2000（平成12）年6月、三沢グループの全日本プロレス退団―プロレスリング・ノア設立と同時にベイダーも新団体に移籍した。

猪木から闘魂三銃士世代までの新日本プロレス、格闘技スタイルのUWFインターナショナル、馬場と四天王世代の全日本プロレスをリアルタイムで体感したベイダーは、現役生活の最後のチャプターとして三沢のプロレスリング・ノアを選択したのだった。

（ミサワは）エース・クォーターバック。ＮＦＬのクォーターバックのような存在。（中略）最後には必ず勝つ男。頭を使って闘うレスラー。（中略）日本のプロレス史のなかでまちがいなくベストレスラーだろう。最大級の尊敬に値するレスラー。（中略）レスリング・ビジネスの世界では、このトラスト（信用・信頼）という感覚を持つことがむずかしい。これもジャパニーズ・スタイルだろう。（同）

わたしはわたしなりにジャパニーズ・スタイルとはいったいどんなものなのかという定義を持っている。たとえ試合に負けたとしても、自分のなかの闘う姿勢、ハートのいちばん奥の部分を絞り出せば、日本の観客はそれを正当に評価してくれる。それがジャパニーズ・スタイルだ。（同）

ベイダーにとって最後のホームリングとなるはずだったプロレスリング・ノアとの関係は、03年、契約解除という形で唐突に終わった。このときのいきさつについてベイダーは多くを語らなかった。04年にはＷＪプロレス、ファイティング・オペラ〝ハッスル〟を経由して武藤体制となった全日本プロレスのリングにも上がり、アメリカ国内ではＴＮＡ（トータル・ノンストップ・アクション・レスリング）、全米各地のインディー系団体などで短期間のツアーを継続した。50代に手が届いたベイダーは試合数はぐっと減らしたが引退宣言はしなかった。

61歳になったベイダーは、16年11月、おそらくおぼえたてであろうツイッターで「先天性の心臓疾患でドクターから〝余命２年〟を宣告されたこと」を全世界に向けて発信した。

それでも、翌年の17年４月には藤波辰爾主宰のドラディションのミニ・シリーズ興行のために来日。シリーズ最終戦の大阪大会では藤波、長州とトリオを組んで藤原喜明＆越中《こしなか》詩郎《しろう》＆佐野巧真《たくま》と６人タッグマッチで対戦した。これが生涯最後の試合となった。両国国技館での〝暴動〟のデビュー戦から30年の歳月が経過しようとしていた。ビッグバン・ベイダーというプロレスラーは日本のリングで生まれ、日本のリングでその命をまっとうした。まるで日本のファンにお別れを告げにきたような短い旅だった。

その日、ベイダーの息子ジェシー・ホワイトはツイッターに〝お知らせ〟の投稿をアップした。

「わたしの父、レオン・ホワイトが月曜の午後7時25分に死去しました。1カ月ほどまえ、医師から重度の肺炎の診断を受けました。父は必死に闘病し、病状も回復に向かっていましたが、月曜の夜、心臓が機能を停止しました。その順番が来てしまいました。It was his time.」

18年6月18日、コロラド州デンバーの自宅で死去。63歳だった。

第10章　〝暴走戦士〟ロード・ウォリアー・ホーク

Photo : Bruce Krietzman

〝3分間プロレス〟からスキルアップとマイナーチェンジ

モヒカン刈りがアニマルで、逆モヒカン刈りがホーク。ザ・ロード・ウォリアーズは、だれがなんといおうとアメリカのプロレス史上、もっともビッグなタッグチームである。実力と人気、キャラクターのオリジナル性、世代を超えた影響力とどれをとっても比類なきスーパースター。そこに立っているだけで観客のハートを揺さぶる、ギリシャ彫刻のような芸術的な肉体を持った男たちだった。

ロード・ウォリアーズはある日、偶然のような感じで誕生した。

デビュー当時のプロフィルは「シカゴのスラム街育ちで、少年時代はネズミを食って暮らしていた」というものだったが、もちろんこれは完ぺきなファンタジーで、ホーク＝マイク・ヘグストランドは1957（昭和32）年1月26日生まれ、アニマル＝ジョー・ローリナイティスは60年9月12日生まれで、ふたりとも北部ミネソタのわりとふつうの家庭で育った。

師匠のエディ・シャーキーは、レスリング・スクールの同期生だったホークとリック・

ルードにタッグチームを組ませるつもりだったが、ジョージアのプロモーター、オレイ・アンダーソンはホークとアニマルのコンビのほうがおもしろそうだと考えた。

オレイは「じゃあ、キミとキミね」といってふたりを指さした。

ミネソタ州ミネアポリスには〝プロレスラーの卵〟がたくさんいた。シャーキーはじつは名コーチというわけではなかったけれど、街なかのトレーニング・ジムやバーで体の大きい若者を発見すると、すぐに「プロレスをやってみないか」と声をかけた。

約6カ月間のトレーニング・セッションを終えたホークは、シャーキーのブッキングでカナダ・バンクーバーのインディー団体に送り込まれた。リングネームはクラッシャー・フォン・ヘイグ。時代遅れの〝ナチスの亡霊〟キャラクターだった。新人レスラーの生活の苦しさを学んだホークは荷物をまとめてミネアポリスに帰ってきた。

アニマルもジョー・ローレンのリングネームでノースカロライナにブッキングされたが、日払いのファイトマネーだけでは生活ができず、すぐにミネアポリスに戻ってきた。アニマルは、ホークとめぐり逢わなかったら大学に入り直してフットボールをやるつもりだった。

もしも、このときオレイ・アンダーソンが体が大きくて、運動神経がよくて、まだメジャー団体のリングを経験していない（ギャラの安い）ルーキーを探していなかったら、ロード・ウォリアーズはこの世に存在していなかった。

ホークというリングネームは、ホークとシャーキーの合作だった。のちの必殺技ダブル・インパクトのモチーフとなるトップロープからのダイビング・クローズラインは、獲物を狙って大空から舞い降りてくる鷹《たか》（ホーク）をイメージさせた。

1983年6月、ホークとアニマルは、オレイにジョージア州アトランタのテレビ局WTBS（当時）のスタジオに連れていかれ、いきなり試合をやらされた。

ウォリアーズのビジュアルはちょっとずつ進化していった。はじめは革キャップ、革ベスト、革パンツをすべて黒で統一したハーレーダビッドソン系バイカーのキャラクターだった。そのあとは映画『マッドマックス』の近未来SFバイオレンスをイメージしたスパイク・プロテクターをリング・コスチュームに使った。最後に髪をモヒカン刈りにした。

トレードマークになった顔のペインティングもどちらかといえば偶然の産物だった。

〝ジョージア・チャンピオンシップ・レスリング〟のTVテーピング（番組収録）を視察に

来ていたルイジアナのプロモーター、ビル・ワットがアニマルとホークに「目の下を黒く塗ったほうがいい」とアドバイスした。

理由は、ホークの顔つきが「やさしすぎる」からだった。アトランタでウォリアーズに変身したとき、ホークは26歳で、アニマルは23歳。世間知らずのふたりがプロモーターにダマされないようにと、同じミネソタ出身の先輩レスラーのポール・エラリングがビジネス・マネジャーについた。NWAジョージアからNWAフロリダ、テネシー、AWA、NWAジム・クロケット・プロモーション、そして、全日本プロレスとどこへいっても〝本日のメインイベント〟のリングに立っていた。

ウォリアーズのトレードマークは〝3分間プロレス〟で、花道を走ってきて、いきなり闘いはじめて、あっというまに勝って、リングを去っていくというのが80年代の定番パターンになった。90年代になるとプロレスラーとしての所作にぐっと幅と重みが加わり、対戦相手やその土地ごとのカラーに合わせてじっくりと試合を組み立てるスキルを身につけていった。年代ごとに髪型、リング・コスチューム、タイツのデザインなどを試行錯誤しながらマイナーチェンジしていった。

地元ミネアポリスのバチェラー・パーティー

1985（昭和60）年7月。

待ち合わせの場所は、ミネアポリスのダウンタウンのなかでも指折りの高級バー〝ラニオンズ〟だった。道順は電話で教わった。

北一番街とヘネピン通りがぶつかる交差点を右に曲がり、1ブロック歩いてからワシントン通りを左に曲がれば、まっすぐに歩いているうちに右側に店の看板が見えてくる、と電話の主はいった。

薄暗いバーのドアをそおっと開けると、ホークは白いウェスタン・シャツの下に鍛えぬかれた肉体を封じ込め、なるべく目立たないようにカウンターのいちばん奥のスツールに腰かけてワイルドターキーのオン・ザ・ロックをゆっくりと口に運んでいた。

逆モヒカンのヘアスタイルを隠すように、頭にはきっちりと黒のバンダナを巻いている。よく見ると、バンダナには〝Road Warrior〟という文字が赤い糸でちいさく刺しゅうされていた。

「待ってたぞ。まあ、座れ」

ホークは、バーテンダーにビールを注文してくれた。正直いうと、筆者はまるっきりお酒が弱いのだが、こういうときは「ぼくはコーラで」なんていわないほうがいい。

プロレスラーになるまえからよく遊びにきていた酒場らしく、店のスタッフもみんなホークをよく知っていた。

「ここ2年くらいで初めて2週間のオフをとることができたんだ。こうやってミネアポリスに帰ってくるとほんとうに安心する」

プロレスラーとして成功し、アメリカじゅうを飛びまわるようになったホークは、ここ2年ほど休みらしい休みをとったことがなかったのだという。テレビに出るようになって顔と名前が売れてしまったせいで、空港やレストランで知らない人たちからサインを求められるようになった。買いものでもしようと思ってノースサイドあたりを歩いていると、いかにもウエートトレーニングをやっていそうな体のごつい男たちからいきなりケンカを売られたりすることもある。

かつての不良少年ホークは身も心もちょっとだけ疲れ、セレブリティーのストレスを感じていた。

「オレの地元の友だちに会ってみねえか。じつは、きょうこれからあるパーティーに顔を出すことになっているんだ」

ホークがいうところのパーティーとは、ダウンタウンのはずれの倉庫街のほうでおこなわれているどんちゃん騒ぎのことらしい。旧友のひとりがガールフレンドと婚約したので、オトコ友だちだけが集まってバチェラー・パーティーを開いているのだという。

「いっしょに行かねえか。アニマルもあとから来るから」

ふだん着のロード・ウォリアーズと付き合っている友だちと会ってみるというのはおもしろそうだった。ふたりのプライベートな顔を知っている証人たちだ。ホークとアニマルの遊び仲間とはどんな男たちなのだろうか。

〝ラニオンズ〟を出ると、ホークはフォードの4ドア・セダンを西ブロードウェイ通りまで飛ばしていった。バチェラー・パーティーの会場は、いまは閉店になっている〝マーウィンズ〟というドラッグストアのあった建物の2階の倉庫スペースだった。

パーティー会場に足を踏み入れると、ドアのそばに立っていた――ハーレーダビッドソンのTシャツを着たウォリアーズ並みの筋肉マン——バウンサーらしき人物から飲みものを入れるプラスティックカップを渡された。

壁のないワンフロアのウェアハウスをぐるっと見渡すと、奥のほうにアニマルが立っていた。もちろん、顔にペインティングは塗っていない。ホークとおそろいの黒のシルクのバンダナを頭に巻いている。地元の仲間たちが集まるパーティーだからふだんよりもリラックスしているのだろう。いつもはしかめっ面ばかりしているアニマルがニコニコして友だちとおしゃべりをしている。

ホークが次から次へと友だちを紹介してくれる。ボディービルダーのような体つきをした男たちや、どこからどう見てもバイカーのような男たちばかりだ。みんな顔つきはコワイけれど、話しはじめると人なつっこかったりする。アニマルが缶ビールとワイルドターキーのボトルを手にこちらにやって来た。ペインティングをしていないときのアニマルはわりとフレンドリーだ。

「きょうは仕事じゃねえんだろ?」

アニマルが筆者の耳元でささやいた。そういわれて、あらためてまわりをきょろきょろしてみると、たしかにプロレスの関係者らしき人はひとりもいなかった。そこにいるのはロード・ウォリアーズの地元の友だちだけだ。

ボリュームをいっぱいに上げたハードロックのBGMがどこかから聴こえていたが、音質があまりよくないと思ったら、コンクリートのフロアに無造作に置かれたステレオ・カセットテープレコーダー――80年代の若者はブーン・ボックスとかゲットー・ブラスターとか呼んでいた――の音だった。

ブラック・サバスの〝アイアン・マン Iron Man〟がかかったけれど、この空間ではそれはウォリアーズの入場テーマ曲ではなくて、あくまでもパーティー・チューン。レナード・スキナード、ボブ・シーガー、モーリー・ハッチェット、AC／DC、ブルー・オイスター・カルト、テッド・ニュージェント、ナザレス……。いかにも男の子向けのハードロックがガンガンかかっていた。

パーティーといっても、だれかが乾杯の音頭をとるわけでもなく、ゲストが出てきてみんなのまえでスピーチをするわけでもない。テーブルもイスもない。仮設のバー・カウンターのようなところでは、ボディービルダーのような体格のバーテンダーがケッグ（樽《たる》）

からビールをついだり、かんたんなカクテルをつくったりしていて、カウンターの上にはチップを放り込むための葉巻の箱が置いてある。

あっちでもこっちでもパーティーの出席者たちはただひたすら飲んで、騒いで、爆笑したり、叫び声をあげたりしている。たまにシャンパングラスかウィスキーの瓶がコンクリートの床に落ちて〝ガチャンッ！〟と砕け散る音がしたりする。ノリのいいチューンが鳴りはじめると男たちは大声で歌ったり、そのへんで好き勝手に踊ったりしている。バチェラー・パーティーだから女性はひとりもいない。

このウェアハウスは、街のアンダーグラウンド・シーンをよく知っているローカルな人間しか近づかないダウンタウンのディープな一角。ホークもアニマルも不良少年時代の自分たちにすっかり戻っていた。

夜もだいぶふけてきた。いつになったらこのどんちゃん騒ぎはお開きになるのかとちょっと不安になってきた。まだたくさんの人たちが出たり入ったりしている。部屋は真っ暗で、硬いコンクリートのフロアはこぼれたビールでそこらじゅうびしょびしょだ。

ホークもアニマルも、もうどこにいるのかわからなくなった。ファンタジーみたいな現実。幻想みたいなリアリティー。筆者はもうちょっとだけその場に立っていることにした。

耳の奥に残る前夫人のひとこと

アメリカのプロレスラー――1990年代くらいまでの〝男子〟のプロレスラー――の多くは、家庭生活については運が悪い。比較的若くして結婚する代わりに、ほとんどのケースにおいて途中で〝ギブアップ離婚〟をしてしまう。ようするに、なかなかつづかないということである。

WWEと専属契約を交わし、チーム名をロード・ウォリアーズからLOD（リージョン・オブ・ドゥーム）に改名したころ、ホークが経験した離婚はすさまじかった。なにがなんでもワイフがいちばんというタイプで、ツアー中にべつの土地でべつの女性と仲よくなったりすることなんて絶対といっていいほどないマジメな夫だったのに、裏切ったのは妻のほうだった。

ホークがほとんど家に帰れず、また子どももいなかったからなのか、彼女はこともあろうに地元で新しい彼氏をつくってしまった。そして、そういうシチュエーションがいつのまにか1年くらいつづいていた。

こんなことがあった。全米ツアー中だったホークがある晩、滞在先のホテルからミネアポリスの自宅に電話を入れると、深夜だというのに〈通話中〉のトーンが聞こえてきた。何度かけ直しても話し中だったため、心配になったホークは近所に住んでいるブラッド・レイガンズ——レスリング・スクールを経営している先輩レスラーでベイダー、スコット・ノートン、ドン・フライ、ブロック・レスナーらにプロレスを教えた名コーチ——のところに電話をかけて、自分の家のまわりを車で一周してきてくれるように頼んだ。

彼女の身になにかあったのだろうか。ホークは「10分後にもういちどかけるから」といって電話を切った。

パジャマの上からガウンを羽織ったレイガンズ先生が愛車の4WDに乗ってホークの自宅のまえまで来ると、玄関よこのガラス・ウインドーからリビングルームの照明がもれていた。よく見ると家じゅうの明かりがついているし、音楽が鳴っていて、人影がたくさん動いていた。家のすぐ外側のストリートには少なくとも15台くらいの自動車が停まっていた。どんちゃん騒ぎの真っ最中だった。

それから10分後、再びレイガンズ先生の家に電話をかけてきたホークが、だいたいの状況報告を受けて怒りまくったことはいうまでもない。

宴もたけなわのころ出張中の夫から電話が入っちゃまずいから、電話の線を壁からひっこ抜いてあっただけのはなしだった。でも、これだけだったらホークのワイフもそんなに悪くない。ようするに、寂しかったのである。

ホークとくらべると、相棒のアニマルはわりと要領がいい。ハイスクールを出てすぐにいちどめの結婚をして、長男が誕生してすぐに離婚。ロード・ウォリアーズに変身してから3年後に再婚して、長男の養育権も手にして、ふたりめの夫人とのあいだにできた長女、次男と親子5人で仲よく暮らしている。そして、ロードに出ると、たまに旅先でガールフレンドをつくっちゃったりもする。

おたがいに弁護士を頼んで、なんだかんだとやり合った離婚の裁判で、ホークはプール付きの豪邸からサイクリング自転車まで、持っていたもののほとんどを前夫人にあげてしまった。それからしばらくして付き合った新しいガールフレンドは25歳、2児の母、未婚というかなりのツワ者だったが、この彼女とはすぐ別れた。それからまたしばらくして立ち直ったホークは、男の友だちと出かける機会を積極的につくるようになった。そして、恋人がいなくても楽しくハッピーに生活できるようになっていった。

前夫人は「アンタには友だちって呼べる友だちがひとりだっているの？　アンタが友だちだと思ってる人たちは、ロード・ウォリアーズのホークと知り合いだってことを自慢したい連中ばかりなのよ。アンタが死んだとき、ほんとうに悲しんでくれる人なんていると思う？」とホークをののしった。

ホークもいろいろな罵詈《ばり》雑言で反撃したけれど、「アンタには友だちって呼べる友だちがひとりだっているの？」という前夫人の台詞《せりふ》がずっと耳の奥のほうに残った。

けっきょく、フツーの幸せをフツーにつかむことがいちばんむずかしいのかもしれない。

ヘルレイザーズ誕生秘話

ロード・ウォリアーズは、年間250～300試合のツアー・スケジュールをまる9年間つづけたあと、コンビを解散し、それぞれ別べつの道を歩もうとしたことがあった。タッグチームとしての最後の試合は1992（平成4）年8月、ロンドンのウェンブリー・

スタジアムで開催された世界最大のプロレス団体WWEのスーパーイベント〝サマースラム〟だった。

WWE在籍時のチーム名はLOD（リージョン・オブ・ドゥーム）。ロード・ウォリアーズというタッグチームの版権・知的所有権はロード・ウォリアーズのもので、リージョン・オブ・ドゥームはタイタン・スポーツ社（WWEの親会社＝当時）が保有する登録商標。ホークとアニマルは、WWEのリングでは〝LOD〟というイニシャルがプリントされたおそろいの黒のロングタイツをはいていた。

ホークはその1年ほどまえからWWEとの契約を解除したがっていた。しかし、アニマルは残留を強く主張し、ことあるごとにふたりは衝突をくり返した。ふたりのケンカを収めるために、休業していたマネジャーのポール・エラリングが現場に復帰してきた。やっぱり、あくまでもホークとアニマルがいっしょじゃないとビジネスにならなかった。

ウェンブリー・スタジアムでの試合が終わった翌日、ホークは「こんなとこにはいられない」といって予定されていたテレビ撮りの日程をすっぽかして、さっさとひとりでアメリカへ帰ってしまった。相棒のホークが単独行動に出たことで、なんとなくとり残されたアニマルも戦線離脱—長期欠場を選択した。尾てい骨にヒビが入ったまま試合をつづけていたし、左ヒジも手術をしなければならない状態だった。だいたい、リングに上がることが楽しくなくなっていた。

ホークはすっかり疲れきっていた。ほんのしばらくのあいだでいいからノーマルな生活がしたかった。ふたりの兄とすぐ下の弟はちゃんと結婚をしていて、みんな子どももいた。しばらく会わないでいるうちに甥っ子たちも姪《めい》っ子たちもどんどん大きくなっていた。

WWEをおん出てホームタウンのミネアポリスでのんびりしていたホークに、旧友のマサ斎藤から連絡が入った。ロード・ウォリアーズとまったく同じコンセプトのタッグチームを日本のリングでプロデュースするという〝極秘プロジェクト〟だった。新しいパートナーは、売りだし中の若手だった佐々木健介。アメリカ人レスラーと日本人レスラーによるロード・ウォリアーズのようなタッグチーム。マサからのリクエストは「ニュー・ロード・ウォリアーズをやってほしい」とのことだったが、ホークは「ロード・ウォリアーズの続編ではなくて、まったく新しいサムシングなら」と返答した。

チーム名が決まらないまま日本にやって来たホークは、ある夜、六本木の行きつけのバー〝ミストラル〟のカウンターでひとりでビールを飲んでいた。それほど広くない店内では、聞きおぼえのあるボーカルのあまり聞きおぼえのない曲がかかっていた。すごく気になる音だった。ホークはバーテンダーにこうたずねた。

「いまかかってるこの曲、これはブラック・サバス？」

バーテンダーはこう答えた。

「オジー・オズボーンですね」

「オジー・オズボーン？　なんて曲？」

バーテンダーはまた答えた。

「オジーの新しいアルバムに入ってる曲。〝ヘルレイザー〟ですかね」

ロード・ウォリアーズの入場テーマ曲は伝説のロックバンド、ブラック・サバスの名曲〝アイアン・マン〟で、いまかかっているこの〝ヘルレイザー Hellraiser〟は、ブラック・サバスを解散後、ソロシンガーになったオジー・オズボーンのいちばん新しい曲。

〝アイアン・マン（鋼鉄の肉体を持った男）〟はロード・ウォリアーズのイメージそのもので、〝ヘルレイザー〟はトラブルばかり起こすワイルドな男、厄介者、やんちゃ坊主といったニュアンスだ。ホークは「これだ！」と直感した。

新日本プロレスと専属契約を交わしたホークは、それから約3年間、日本のリングで年間20週間のツアー・スケジュールをこなすようになった。外国人選手と日本人選手がタッグを組んで試合をすること自体はそれほどめずらしくはなかったが、ホークほどのステータスのスーパースターが日本人選手と正式にタッグチームを結成して活動した前例はなかったし、ロード・ウォリアーズのようなひとつの時代を代表する正真正銘の〝ブランド品〟のスピンオフが日本の団体でプロデュースされたこともなかった。ホークは、佐々木健介という自分よりもひと世代若いレスラーに興味を持った。

「まったくちがうなにか。ケンスキーはあらゆる面でアニマルと比較されてしまうだろ。ビジュアルは似ているかもしれないけど、やっていることも、求められているものもまったくちがう。すぐに気がついたよ。ウォリアーズのマネをしてはいけないんだってね」

ホークのイメージカラーは黒と赤で、健介のそれは黒とグリーン。シルバーの金属スパイクをあしらったアメリカンフットボールのプロテクター型のリング・コスチューム、顔のペインティング、黒のロングタイツ、黒のバイカーブーツはロード・ウォリアーズのイメージを踏襲したものだったが、タッグチームとしてのカラーはジャパン仕様のオリジナルで、ホークは兄貴分のような立ち位置で健介のメインイベンターとしての自我の覚醒を見守った。

「それから……、オレにとってはこれがいちばん大きなポイントだったんだけど、ケンスキーとタッグを組むことでまたプロレスがおもしろくなってきたんだ。彼を見ていたら、体も心も若返ったような、そんな感覚になった」

ホーク・ウォリアー&パワー・ウォリアー（佐々木健介）のタッグチーム、ザ・ヘルレイザースは平成の日本のプロレス・シーンの〝ヒット作〟となった。

ミネソタのおばさまと礼儀正しいホーク

1993（平成5）年10月。

「知り合いのおばさんに会うからいっしょに来てくれ」とホークがいうので、午前10時きっかりに新宿のKホテルのロビーに行くと、ジョーンおばさまと青い〝外ナンバー〟はもうすっかりしびれを切らせていた。

栗色の髪をショートカットにして、おとしのわりにはすらりと背の高いジョーンおばさまは、きょう1日のスケジュールをこまかくメモ用紙に書きだして、それをショーファー（運転手）のミスター・ワカタベに渡していた。

ホークは、ブラックジーンズにおろしたての真っ赤なハーレーダビッドソンのTシャツを着ていた。足元はあいかわらず爬虫類《はちゆうるい》系のカウボーイブーツだけれど、大きなメタルのバックルがついたウェスタンベルトをしてこなかったのは賢明な判断だった。頭に巻いているバンダナも無地のブラックだ。なんだか、きょうはすごく感じがいいナイスガイだ。

ジョーンおばさまとホークは、ミネアポリスにある家をどうしようかいろいろ迷っている、というおしゃべりで盛り上がっていた。

「ぼくはいま独身ですから、大きな家を売って、ちいさなコンドミニアムに移ろうかと考えています」とホーク。

「家はそのままですが、犬だけはちゃんと連れてきましたわ」とジョーンおばさま。

ふたりともほんとうはミネソタに住んでいるけれど、ふだんはトーキョーで生活している。ホークがジョーンおばさまと知り合いなのは、ホークがジョーンおばさまの娘さんのエレノアさんと友だちだったかららしい。

ミスター・ワカタベのメモには①刀剣博物館②東急ハンズ③スパイラル・ホール④昼食、神田で〝あんこう鍋〟⑤交通博物館⑥大使館、と書かれていた。

ジョーンおばさまは、ご主人の転勤で1カ月まえに日本に来たばかり。ガイドブックをすみからすみまで読んで、スキのない半日観光のスケジュールを立ててきた。

ホークはとても行儀よくミネソタのおばさまのおはなしを聞いていた。汚いコトバはいちども使わなかったし、ジョーンおばさまもホークの話すことにやさしく、上品に耳を傾けていた。

刀剣博物館は、代々木の北参道と参宮橋のあいだの迷路みたいな道のなかほどにあった。東急ハンズでは「5Aと5Bのフロアで文具、ステーショナリー類を買ってから1Bで照明器具を見てまわる」といってジョーンおばさまが仕切った。文具コーナーでは、冷蔵庫のドアにペタッと貼っておいてメモや写真をはさんだりする〝お寿司〟の形のマグネットを買った。

青山のスパイラル・ホールでは、ヨーコ・オノの個展が開かれていた。神田で食べた

〝あんこう鍋〟は、よくアメリカ人がこんなスライミー（ぬるぬる）なものを食べる気になったもんだと感心してしまうような微妙なテイストのジャパニーズ・ディッシュだった。

交通博物館の入場料は大人３００円。旧国鉄の列車——車両をきれいに半分に切断して内部の機械部分がディスプレイされていた——などが展示してある地味なミュージアムだった。

ジョーンおばさまは、トーキョーに来たばかりだというのにこの街の博物館や美術館のたぐいにめっぽう強い。

「ゲストの方がたをご案内して歩かなければなりませんから」といってにっこり笑うジョーンおばさまは、アメリカのファーストレディーになっていたかもしれない方なのである。

トーキョーの半日ツアーのクライマックスは、ジョーンおばさまのダーリンがいるアメリカ大使館だった。正面玄関でも、エレベーターのなかでも、みんながこちらに向かって軽く頭を下げ、ほほ笑みかけてくる。そんなふうにトリートされるのは悪い気はしないけれど、ほほ笑みかけられているのは、もちろんジョーンおばさまひとりだけだ。

「きょうはどんな１日でした？　お忙しかった？」

ジョーンおばさまがご主人に話しかけた。

「ミスター・ホソカワとずっと電話で話していた。きょうは3回も話した」

「あら、プライム・ミニスター？」

ミスター・ホソカワとは細川護熙《もりひろ》総理大臣（当時）のことである。

ジョーンおばさまのダーリンのウォルター・モンデール大使――ジミー・カーター政権時代のアメリカ合衆国副大統領――は、奥さまの目をしっかり見つめながら、きょうあったことをひとつずつ手短に報告していた。初老のカップルがとても仲がよくて、会話のやりとりが自然だったりすると、こっちまでニコニコしたくなってくる。

「彼はミスター・マイク・ヘグストランド。エレノアのお友だちで、彼も毎月、ミネアポリスとトーキョーを行ったり来たりしていらっしゃるの」

ジョーンおばさまはモンデール大使にホークを紹介した。

ホークが「ミスター・モンデール……」とあいさつをしようとすると、モンデール大使は「ウォルターと呼んでください」といって握手の手を差しだした。

ジェントルマンの微笑をたたえ、ホークは「では、ウォルター……」とファーストネームでモンデール大使に話しかけ、ふたりは握手を交わした。

さすがにホークもちょっとだけ緊張しているようだった。ホークのよこで直立不動で立っていた筆者は、あとでゆっくり笑おうと思って、よそいきのホークの顔をよおく観察しておくことにした。

30歳のフィアンセと海のそばで新生活

1995（平成7）年9月。

「レディントン・ショア、フロリダ……」

ホークが新しいアドレスだといって走り書きしたメモにはこう記されていた。住所に〝ショア（浜）〟がついているということは、きっとお洒落《しやれ》な海岸通り沿いの天井の高い白い家かなにかに住むようになったのだろう。

もちろん、そんなところで優雅にひとり暮らしをはじめたわけではない。きっとこれからずっとそこに住むことになるだろうと決心して海のそばに引っ越したのだった。

ホークの婚約者のデイルさんは、30歳のフィットネス・インストラクター。ハルク・ホーガンのワイフのリンダさんの紹介でふたりは出逢い、仲よくなった。あれほど雪国ミネソタを愛し、「二度と結婚なんかするもんか」といいつづけてきたホークが、こともあろうにビーチの住人になり、フィアンセと〝試験結婚〟をはじめた。

フロリダ州タンパはプロレスラーの街である。ホーガンがいて、〝神様〟カール・ゴッチがいて、〝マレンコ道場〟がある。お隣のクリアウォーターにはジョニー・エースやメドゥーサが住んでいる。レディントン・ショアは、タンパ市内から車で30分くらいのところに位置するビーチタウンのひとつ。すぐ近所にはブルータス・ビーフケーキやウォーロードの家もある。

家から数ブロックのところにある〝ワールド・ジム〟にトレーニングに行くと、いつもだれかとばったり会う。ベンチプレスとかアッパー・ボディー（上半身）とかのワークアウトをするときは、レスラー仲間とバディーを組んでふたりでワンセットになってメニューを消化するのがいちばん能率がいい。

すぐ近くに〝ゴールド・ジム〟もあるけれど、あそこはなるべく避けるようにしている。ワークアウトに来ている女性のジム会員のほとんどがなぜかTバックのスパッツでそのへんを歩きまわっていて、気が散ってしようがない。

トレーニングがすんだあとは、まっすぐ家に帰ってのんびりする。フロレディアン（フロリダ人）は、なんにもしないでただボーッとしている状態をリラクゼーションと表現したがる。

女性といっしょに暮らすなんて、何年ぶりだろう。まえにいちど結婚したときは、カミさんとずっと同じ部屋にいるとそれだけで窒息しそうな恐怖感に襲われたりしたけれど、こんどの彼女はいっしょにいてラクな人だ。こんなことを口走ったら軽べつされちゃうという〝倫理コード〟のようなものはないし、新しい彼女はなんでも自分でやっちゃうタイプだから、ホーク＝男の子のほうであれこれ気をつかって動いてあげる必要がない人なのだという。

暑い土地ではとにかくリラックスすることだけを考えていればいい。ひと夏のあいだにたてつづけに4度もハリケーンの直撃を受けた。大西洋に吹く嵐がハリケーンで、太平洋に降る豪雨がタイフーンだということをそのとき初めて教わった。ミネソタン（ミネソタ人）はトルネードしか知らない。ホークは、海の上で真っ黒な入道雲が躍りはじめるたびに家じゅうの窓という窓を閉めて、ステンレスのシャッターを下ろすことをおぼえた。

デイルさんとの生活はホークをヘルス・コンシャス人間に変えた。お酒はほとんど飲まなくなったし、夜中にふらふらと外に出ていくクセも収まった。ちょっと調子が悪いと思ったらすぐにドクターのアポイントメントをとるし、病気はしたくないと本気で考えるようになった。仕事だって、いいものと悪いものを選別するようにしている。

デートをする、お付き合いをするという感覚をすっかり忘れていた。〝彼女いない歴〟が長くなると、こういうシチュエーションではこういう技を出せばいいという試合の組み立てがわからなくなってしまう。ヘンなところでヘンな大技を使ってもてんで意味がないし、注意していないとタイミングの悪いときにタイミングの悪いことをしでかす。

たぶん、ミネソタに帰ることはもうないだろう。いちど暑いところに住んだら寒い土地には戻れない。

「リラックスしすぎて太った」といって、ホークはおなかの肉を軽くつまんでみせた。38歳とはそういう年齢なのである。

生まれて初めて読んだ聖書

ホークとアニマルは、性格的には正反対だった。ホークはナイトクラビングが好きで、ツアーに出るといつも朝まで遊びほうけていた。アルコール類はなんでもたくさん飲んだし、思いつく限りのありとあらゆる化学物質を体にぶち込んだ。アニマルはドラッグはいっさいやらなかったし、お酒も控えめで、早寝早起きだった。兄弟みたいに仲がよかった時代もあるし、あまり会話を交わさない時代もあった。

あっというまというわけではないけれど、ホークとアニマルは20年という歳月をいっしょに過ごした。

ウォリアーズはこの世にふたりしかいない。ナンバーワンでありつづけるよりも、オンリーワンであることのほうが大切なんだと考えるようになった。ふたりはいつのまにかベスト・フレンドになっていた。アニマルが「あしたも早いから外出するのはやめようぜ」といえば、ホークは「じゃあ、オレは一杯だけ飲んでくる」と答えた。たったそれだけの会話でふたりはおたがいのことをちゃんと理解することができた。

ホークは、何度も死にはぐってはそのたびに命拾いした。試合後、ドレッシングルームで倒れ、脱水症状で意識不明になったことがあったし、ホテルの自室でいきなり心臓が止まったこともあった。

親しかったレスラー仲間のうちの何人かが若くして天国へ召された。ハイスクール時代からの友だちで〝シャーキー道場〟の同期だったリック・ルードはドラッグのオーバードースで帰らぬ人となった。テリー・ゴーディは、心臓にできた血栓が原因で眠ったままこの世を去った。デイビーボーイ・スミスは、心臓マヒでいきなり旅立った。ホークに「そんな生活をしていたら……」といつも親切に忠告してくれた〝ミスター・パーフェクト〟カート・ヘニング――プロレスラーになるずっとまえのティーンエイジからの友だち――はある朝、ツアー先のホテルのベッドの上で息をひきとった。

30代の終わりにボーン・アゲイン・クリスチャンになったアニマルは、ある日曜の朝、ホークを教会に連れていった。牧師はかつてのライバルで、同じミネアポリス出身の元プロレスラーのニキタ・コロフだった。

ホークは生まれて初めて聖書を読んだ。どのページを開けても〝自分みたいな男〟が出てきた。ホークは神にめぐり逢い、生きることにどん欲になった。ホークより3歳年下のアニマルはちょっとだけ安心した。

２００３（平成15）年10月18日、ホークはフロリダ州インディアンロックス・ビーチに購入したばかりの新居で引っ越しの荷物をほどいていた。ちょっと疲れたので「２時間後に起こして」とデイル夫人に伝え、軽いナップ（昼寝）のためにベッドルームに入っていった。そして、そのまま天国へ逝ってしまった。46歳だった。

デイル夫人はすぐにミネアポリスのアニマルの家に電話をかけた。アニマルはまるでそれがわかっていたように冷静に〝悪い知らせ〟にうなずいた。

大長編ドラマ『ザ・ロード・ウォリアーズ』は唐突に最終回を迎えたのだった。


長生きして幸せな余生を送ったととらえていいのかどうかは、いまのところなんともいえない。アニマルは60歳の誕生日を迎えてから10日後、２０２０年（令和２年）９月22日、旅行先のミズーリ州オセージ・ビーチのホテルで急死した。いまの奥さんのキムバリー夫人との結婚10周年のお祝いとしてオーザークス湖でのバケーションを楽しんでいる最中だった。ディナーを終えてホテルの自室に戻ってきたアニマルは「ちょっとよこになる」といってベッドに入り、そのまま旅立った。奥さんがすぐそばにいてくれて、眠ったまま天国へ行ってしまうというシチュエーションそのものは、相棒ホークのときとまったく同じだった。Oh, What A Rush.

エピローグ　At the end of the day

この10人のヒーローたちのストーリーを書いたぼくがいったい何者なのかというと、もちろん何者でもない。

子どものころからプロレスが大好きで、ジャイアント馬場さんもアントニオ猪木さんも公平に好きだったけれど、とくに外国人レスラーにあこがれて、いままでいちどもやめることなく――あきらめることなく――プロレスを観つづけてきた。

生まれて初めてモノクロのテレビの画面でながめたプロレスがだれとだれの試合だったかは記憶にない。小学4年生のとき、カール・ゴッチ対ビル・ロビンソンのシングルマッチをテレビで観てゴッチさんの大ファンになった。ゴッチさんと猪木さんの〝まぼろしの世界ヘビー級選手権〟を蔵前国技館で観たのは5年生のときで、猪木&坂口征二対ゴッチ&ルー・テーズの〝世界最強タッグ〟を観にいったのが6年生のときだった。総武線・浅草橋の駅から蔵前国技館まではけっこう遠かった。

ザ・ファンクス（ドリー・ファンク・ジュニア＆テリー・ファンク）対ザ・シーク＆アブドーラ・ザ・ブッチャーの〝世界オープン・タッグ〟シリーズ最終戦を観たのも蔵前国技館で、高校1年生だったぼくはプロレス専門誌を1ページ残らず端から端まで読むくらいのマニアになっていた。

ここでぼくのストーリーは〝早送り〟する。『週刊プロレス』（ベースボール・マガジン社）の契約記者になったぼくは、心から尊敬する〝神様〟ゴッチさんとほんとうに会ってしまった。〝神様〟と会っておはなしができるなんて運がいいとしかいいようがないから、これは神様に感謝するしかない。

プロレス記者、編集者、プロレス・ライター、コラムニストとして20代、30代、40代、50代をあるときは駆け足で、あるときはマイペースで過ごしてきた。キャリアだけは長いからプロレスというジャンルに関しては専門家ということになる。子どものころからあこがれていたレジェンドたちをインタビューしたり、その時代ごとのスーパースターたちとじかに接し、試合のリポートを書いたり、彼らの話してくれたことを記事にしたりコラムにまとめたりしてきた。

この本の後半に登場するロード・ウォリアー・ホーク、バンバン・ビガロ、テリー・ゴーディ、スティーブ・ウィリアムスらはぼくとほぼ同年代で、彼らがプロレスラーとしていちばん輝いていた時代をリアルタイムで目撃することができたし、友だちとしてたくさんの時間を過ごすことができた。世代がいっしょだからプロレス以外のことも語り合うことができた。みんな70年代から80年代のクラシック・ロックが好きで、90年代以降の音楽はわりと好き嫌いがはっきり分かれた。

ホークもビガロもゴーディもウィリアムスも40代で天国へ召されてしまった。イーグルスの名曲〝ライフ・イン・ザ・ファストレーン Life in the fastlane（駆け足の人生）〟じゃないけれど、この4人がゴッチさんやロビンソンのように長生きしてくれて、おじいさんになっていく映像はたしかにイメージしづらかった。だから、彼らが亡くなったという知らせを受けたとき、それほどまでの驚きはなかったたし、悲しいけれど、やっぱりそうだったかというのが正直な感覚だった。

この4人のほかにもデイビーボーイ・スミスやダグ・ファーナス、クリス・ベンワーやエディ・ゲレロといった同世代のスーパースターたちが若くしてこの世を去った。ちょっとカッコよすぎるかもしれないけれど、彼らが歩んだそれぞれの道――それが長かったか短かったかはわからないけれど――をずっとすぐそばで見ることができたぼくは〝生〟というものと〝死〟というものをできるだけ客観視しようと考えるようになった。

もちろん、トシをとらずに死ぬよりも1日だって長く生きたほうがいいに決まっているけれど、肉体的な〝死〟は必ずしも〝死〟そのものではないのではないか。偉大なるプロレスラーの〝生〟は、プロレスを愛する人びとのなかで永遠の命として生きつづけているのではないか。そして、ぼくたちは、彼らのプロレス、彼らのリング上の姿、彼らが生きた時代をしっかりと記憶しておくことで、彼らとずっとずっと〝生〟を共有することができるのではないだろうか――。

この本には、42歳で非業の死をとげたブルーザー・ブロディのストーリーは収録していないが、ブロディの生と死については『ブルーザー・ブロディ 30年目の帰還』（ビジネス社）というタイトルで1冊の本にまとめたので、ご興味のある方はぜひそちらを読んでいただきたい。この単行本の企画を考えてくださり、なかなか原稿をアップしないぼくを辛抱づよく待ってくれた集英社の藁谷浩一さんに深く感謝いたします。

２０２０年10月　新型コロナウイルスのせいで季節感のない秋

斎藤文彦

斎藤文彦（さいとう ふみひこ）

一九六二年、東京都杉並区生まれ。プロレスライター、コラムニスト、大学講師。オーガスバーグ大学教養学部卒業、早稲田大学大学院スポーツ科学学術院スポーツ科学研究科修了、筑波大学大学院人間総合科学研究科体育科学専攻博士後期課程満期。在米中の一九八一年より『プロレス』誌の海外特派員をつとめ、『週刊プロレス』創刊時より同誌記者として活動。海外リポート、インタビュー、巻頭特集などを担当した。著書は『プロレス入門』『昭和プロレス正史 上下巻』ほか多数。

忘《わす》れじの外国人《がいこくじん》レスラー伝《でん》

集英社新書一〇四四H

二〇二〇年一一月二二日 第一刷発行

著者……斎藤文彦《さいとうふみひこ》

発行者……樋口尚也

発行所……株式会社集英社

東京都千代田区一ツ橋二-五-一〇 郵便番号一〇一-八〇五〇

電話 〇三-三二三〇-六三九一（編集部）

〇三-三二三〇-六〇八〇（読者係）

〇三-三二三〇-六三九三（販売部）書店専用

装幀……原 研哉

印刷所……凸版印刷株式会社

製本所……加藤製本株式会社

定価はカバーに表示してあります。

ISBN 978-4-08-721144-3 C0275

Printed in Japan

a pilot of wisdom

ノンフィクション——N

妻と最期の十日間　桃井和馬
鯨人　石川　梵
ゴーストタウン　チェルノブイリを走る　エレナ・ウラジーミロヴナ・フィラトワ　池田　紫・訳
笑う、避難所　石巻・明友館136人の記録　頓所直人　写真・名越啓介
チャングム、イ・サンの監督が語る　韓流時代劇の魅力　イ・ビョンフン
女ノマド、一人砂漠に生きる　常見藤代
幻の楽器　ヴィオラ・アルタ物語　平野真敏
風景は記憶の順にできていく　椎名　誠
実録　ドイツで決闘した日本人　菅野瑞治也
ゴッホのひまわり　全点謎解きの旅　朽木ゆり子
「辺境」の誇り——アメリカ先住民と日本人　鎌田　遵
奇食珍食　糞便録　椎名　誠
ひらめき教室　「弱者」のための仕事論　松井優征　佐藤オオキ
橋を架ける者たち——在日サッカー選手の群像　木村元彦
ナチスと隕石仏像　SSチベット探検隊とアーリア神話　浜本隆志
堕ちた英雄　「独裁者」ムガベの37年　石原　孝
癒されぬアメリカ　先住民社会を生きる　鎌田　遵
羽生結弦を生んだ男　都築章一郎の道程　宇都宮直子

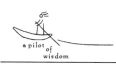

集英社新書　好評既刊

社会——B

a pilot of wisdom

欲望する「ことば」 「社会記号」とマーケティング　嶋浩一郎　松井剛
ぼくたちはこの国をこんなふうに愛することに決めた　高橋源一郎
ペンの力　浅田次郎　吉岡忍
「東北のハワイ」は、なぜV字回復したのか スパリゾートハワイアンズの奇跡　清水一利
村の酒屋を復活させる 田沢ワイン村の挑戦　玉村豊男
デジタル・ポピュリズム 操作される世論と民主主義　福田直子
戦後と災後の間——溶融するメディアと社会　吉見俊哉
「定年後」はお寺が居場所　星野哲
ルポ 漂流する民主主義　真鍋弘樹
ルポ ひきこもり未満　池上正樹
中国人のこころ 「ことば」からみる思考と感覚　小野秀樹
わかりやすさの罠 池上流「知る力」の鍛え方　池上彰
メディアは誰のものか ——「本と新聞の大学」講義録　一色清　姜尚中ほか
京大的アホがなぜ必要か　酒井敏
天井のない監獄 ガザの声を聴け！　清田明宏
限界のタワーマンション　榊淳司
日本人は「やめる練習」がたりてない　野本響子

俺たちはどう生きるか　大竹まこと
「他者」の起源 ノーベル賞作家のハーバード連続講演録　トニ・モリスン
言い訳 関東芸人はなぜM-1で勝てないのか　ナイツ塙宣之
自己検証・危険地報道　安田純平ほか
都市は文化《アート》でよみがえる　大林剛郎
「言葉」が暴走する時代の処世術　太田光　山極寿一
性風俗シングルマザー　坂爪真吾
美意識の値段　山口桂
ストライキ2.0 ブラック企業と闘う武器　今野晴貴
香港デモ戦記　小川善照
ことばの危機 大学入試改革・教育政策を問う　東京大学文学部広報委員会・編
国家と移民 外国人労働者と日本の未来　鳥井一平
LGBTとハラスメント　神谷悠一　松岡宗嗣
変われ！東京 自由で、ゆるくて、閉じない都市　隈研吾　清野由美
東京裏返し 社会学的街歩きガイド　吉見俊哉
人に寄り添う防災　片田敏孝
プロパガンダ戦争 分断される世界とメディア　内藤正典

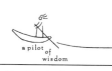

全体主義の克服
マルクス・ガブリエル／中島隆博　1032-C
世界は新たな全体主義に巻き込まれつつある。その現象を哲学的に分析し、克服の道を示す画期的な対談！

東京裏返し　社会学的街歩きガイド
吉見俊哉　1033-B
周縁化されてきた都心北部はいま中心へと「裏返し」されようとしている。マップと共に都市の記憶を辿る。

人に寄り添う防災
片田敏孝　1034-B
私たちは災害とどう向き合うべきなのか。様々な事例や議論を基に、「命を守るための指針」を提言する。

人新世の「資本論」
斎藤幸平　1035-A
資本主義が地球環境を破壊しつくす「人新世」の時代。唯一の解決策である、豊潤な脱成長経済への羅針盤。

国対委員長
辻元清美　1036-A
史上初の野党第一党の女性国対委員長となった著者が国会運営のシステムと政治の舞台裏を明かす。

プロパガンダ戦争　分断される世界とメディア
内藤正典　1037-B
権力によるプロパガンダは巧妙化し、世界は分断の局面にある。激動の時代におけるリテラシーの提言書。

江戸幕府の感染症対策　なぜ「都市崩壊」を免れたのか
安藤優一郎　1038-D
江戸時代も感染症に苦しめられた。幕府の対策はどのようなものだったのか？　その危機管理術を解き明かす。

長州ファイブ　サムライたちの倫敦《ロンドン》
桜井俊彰　1039-D
密航留学した経験から、近代日本の礎を築いた五人の長州藩士。彼らの生涯と友情に迫った幕末青春物語。

苦海・浄土・日本　石牟礼道子　もだえ神の精神
田中優子　1040-F
水俣病犠牲者の苦悶と記録を織りなして描いた石牟礼道子。世界的文学者の思想に迫った評伝的文明批評。

毒親と絶縁する
古谷経衡　1041-E
現在まで「パニック障害」の恐怖に悩まされている著者。その原因は両親による「教育虐待」にあった。